Claudia & Eberhard Mühlan

Unser Abenteuer

Persönliche Einsichten
aus mehr als 30 turbulenten Familienjahren

W0046922

MENANDER Verlag

Bibliografische Information der Deutschen Bibliothek:
Die Deutsche Bibliothek verzeichnet diese Publikation in der
Deutschen Nationalbibliografie; detaillierte bibliografische Daten
sind im Internet über http://dnb.ddb.de abrufbar.

1. Auflage 2013

MENANDER Verlag
www.menander-verlag.de
ISBN 978-3-944584-23-2
Umschlaggestaltung: Nico Mühlan, Gobasil, www.gobasil.com
Titelfoto: Janine Guldener, www.janine-guldener.com
Herstellung: MENANDER Verlag/dbusiness.de gmbh, Berlin

Inhalt

Kleine Schwestern, große Brüder[1]

von Mirke

Kleine Schwestern sind für große Brüder vor allem zum Ärgern da – oder etwa nicht? Habt ihr mich nicht mit zwei Jahren hin- und her geworfen, ein paar Meter Abstand mit Drehung und was so dazu gehört? Naja, geschadet hat es wohl nicht, und ich fand's cool!

Oder habt ihr nicht, als der Marder die Hühner zerfetzt hatte, die Übrigbleibsel der Hühner an die Hühnerhüttentür genagelt, damit ich nichts verpasse? War es nicht mein Lieblingshuhn mit dem grünen Ring, das ihr zuerst ge-

schlachtet habt? Wer hat mir eigentlich beim Rasenmähen das frisch gemähte Gras in den Nacken gesteckt? Und wie kam eigentlich die tote Maus vor den Zwergkaninchenstall?

Naja, wie dem auch sei… Kleine Schwestern schauen zu ihren großen Brüdern auf! Sie sind von allem begeistert, was die haben: die coolen Turnschuhe aus den USA, das Cap, die E-Gitarre, der Zeichenblock, der Rucksack, die CDs (mit zehn Jahren habe ich Petra, Stripers, Bloodgood und Whiteheart gehört).

Ständig versucht man mitzuhalten. Auf dem Weg zur Schule musste ich immer neben Chris her joggen, da er so schnell ging (daher wohl mein späteres Hobby Joggen?), und in der Schule ignorierte er mich. Kein Problem, ich kann mir auch anders einen Namen in der Schule machen. Ab sofort machte ich nur noch Blödsinn! „Die freche, kleine Schwester von Chris und Esther" – siehste, geht doch!

Zuhause stand ich mal mit Klamotten unter der kalten Dusche (das nehme ich dir immer noch übel, Chris), boxte mich mit Nico und Chris und wollte

---

[1] Die lustigen und nachdenklichen Geschichten unserer Kinder in diesem Buch sind einer „Familienchronik" entnommen, die anlässlich des 60. Geburtstags von Claudia zusammengestellt worden war.

nicht zugeben, dass es wehtat und ich blaue Flecken bekam. Ich wurde im Bad eingesperrt und landete jeden Sommer mit Anziehsachen im Swimmingpool...

Gleichzeitig habe ich auch eine Menge von euch gelernt: Ich kann ein Dach decken, Strom verlegen, fliesen, verspachteln, Werkzeug sortieren, Müll wegräumen, Fußballspielen, rülpsen, laut Musik hören, Musik machen, malen, fotografieren, mich durchsetzen, planen, unterrichten und Teeniegruppen leiten. Dafür nimmt man doch gerne so einiges in Kauf...

Klotzen und Genießen
von Esther

Was macht Familie Mühlan eigentlich so, wenn sie nicht im Urlaub ist? Bei so vielen Leuten ist es natürlich schwer, alle zusammen zu bekommen. Klar, außer, wenn es Familien-Arbeitstag hieß! Um den zu verpassen, brauchte man schon ganz besondere Ausreden! Aber ehrlich, wer wollte das schon verpassen? Ich habe es genossen, mit allen zusammen im Garten zu arbeiten, besonders weil es oft im Swimmingpool endete – mit Klamotten natürlich.

Am Abend dann ein leckeres Essen in großer Runde. Ich weiß noch genau, wie es war, als ich so fünf oder sechs Jahre alt war und viele, viele Kinder im Haus wohnten! Damals gab es auch noch einiges mehr an Arbeit im Garten! Dann sollte es nach getaner Arbeit Hamburger geben. Die Jungs liefen zur Topform auf! Die ganze lange Arbeitsplatte in der Küche war voll mit halbierten Hamburgerbrötchen, welche dann mit Rekordgeschwindigkeit und Akkordarbeit belegt wurden. Wer da dazwischen kam, war selber schuld und wurde anstatt des Brötchens mit Ketschup beschmiert. Dann ab in den Ofen mit der riesigen Ladung! Lecker.

Das liegt uns auf dem Herzen

Eigentlich hatten wir keine Lust mehr, noch irgendetwas zur Erziehung zu schreiben, und wenn man uns fragte, winkten wir in der Regel ab: „Ach, dazu gibt es wirklich nicht viel Neues zu sagen. Wir wüssten auch nicht, was wir noch schreiben sollten." In der Tat: Im „Großen Familien-Handbuch" haben wir alle unsere praktischen Tipps zur Kindererziehung gut komprimiert zusammengefasst. Darüber hinaus gibt es ja noch die vielen Vorträge zu den unterschiedlichsten Familienthemen auf CD und MP3. Man muss nur lesen oder hören und dann umsetzen![2]

Aber jetzt, wo die Familienphase endgültig hinter uns liegt und alle Kinder aus dem Haus und erwachsen sind, haben wir uns mit ihnen zusammengesetzt und miteinander unsere vielen Familienjahre ausgewertet: das Schöne und das weniger Gute.

Offensichtlich können alle Mühlans kreativ schreiben. Zu Geburtstagen und anderen festlichen Anlässen wurden humorvolle und nachdenkliche Geschichten geschrieben. Die haben wir gesammelt und wollen sie Ihnen nicht vorenthalten. Denn sie geben noch einen anderen Blick in unser Familienleben als es ein Sachartikel kann.

Ja, wir haben viel Schönes, aber auch zutiefst Trauriges miteinander erlebt und natürlich auch einiges falsch gemacht. Das bringt der Familienalltag so mit sich. Nur gut, wenn man sich dann aussprechen, einander vergeben und wieder neu weiterma-

---

[2] Siehe www.muehlan-mediendienst.de.

chen kann. Darum haben wir uns – Eltern wie Kinder – immer bemüht.

Jetzt können wir auf weit über dreißig Jahre Familienleben und Pädagogik zurückschauen. Nahezu zwei Kindergenerationen haben wir großgezogen: Eine bestand schwerpunktmäßig aus den sechs angenommenen Kindern, an die sich eine zweite wesentlich leichtere Phase mit unseren sieben leiblichen Kindern anschloss.

Als Pädagoge betrachtete ich, Eberhard, die Familie stets aus zwei Blickwinkeln: Einmal als Vater, aber dann auch als Erziehungswissenschaftler. Beide Sichtweisen führten dazu, dass wir alltagserprobte Ratschläge in unseren Büchern niederschreiben konnten. Das ist die Außenseite, die auch so mancher Leser von uns Mühlans kennt.

Wie aber sah es in unseren Herzen aus, wie vollzog sich unsere innere Entwicklung? Wie war der Beginn unserer Familiengründung? Wie entwickelte sich unser biblisch-orientiertes Erziehungskonzept? Wie gestaltete sich der Alltag mit seinen Höhen und Tiefen? Wie ging es den Kindern dabei? Was haben sie in einer so großen Familie empfunden?

Jetzt, wo Eltern wie auch Kinder genügend Abstand von der aktiven Familienphase haben, sind wir gern bereit in diesem Buch darauf einzugehen.

Wir möchten Sie in unser Herz schauen lassen, sozusagen ein „Vermächtnis" weitergeben, damit Familienleben auch künftig gut gelingen kann!

Typisch Mühlan

Humorvolle Gedankensplitter von Nico, dem Ältesten:

Was ist typisch Mühlan? Ich glaube, da muss man nicht lange nachdenken. Typisch ist auf jeden Fall eine gewisse Lautstärke. Ob am Esstisch oder im Auto – laut war es immer. Oder: leise war es kaum. Es wurde viel gelacht, geredet – jeder versuchte den anderen zu übertönen, zu übertrumpfen...

Bei uns gab es sonntags Kuchen zum Frühstück. Ich habe nie herausgefunden weswegen? Und wenn wir schon beim Essen sind: Zum Ei durfte man nur Brötchen OHNE Aufschnitt essen. Und Butter gab's nur für Mama und Papa – warum eigentlich?

Ach, noch was zum Essen: Abends lief die Mikrowelle heiß, da sich eine Horde Kinder jede Menge heiße Käsebrote in den Rachen schob. Oh, und die vielen „Heute spielen wir Restaurant" – Abendessen mit den kleinen Schwestern.

Arbeitstag: Einmal die Woche gab es einen Arbeitsnachmittag – ob im Garten oder im Haus, es gab immer viel zu tun. In der Küche hing ein Plan: der Küchendienstplan. Aber bei so vielen kam man höchstens einmal in der Woche dran.

Klotzen und genießen – ein Mühlan Grundsatz, der gelebt wurde. Das Beste an den Ernte- oder Garteneinsätzen war immer das Festessen danach.

Urlaub: Unsere Urlaube waren immer Erlebnisse. Ob spontan nach Marokko oder beim Essen über dem offenen Feuer mit unserer „dicken Jule", wie die große Bratpfanne hieß. Oder die vielen Streiche, und vor allem der Startspruch, den Papa vor der Reise durchs Haus schrie: „Urlaub, Stimmung" – und alle brüllten aufgeregt zurück: „Gute Laune!" Es war immer aufregend und voller Energie. Und los ging es natürlich immer um vier Uhr morgens.

Sehschwäche: Dass manch ein Mühlan nicht gerade die besten Augen hat, ist kaum einem anzusehen. Denn achtzig Prozent der Mühlans tragen Kontaktlinsen. Das ist im Alltag sehr praktisch und wird einer Brille gerne vorgezogen. Ist nur schlecht, wenn Familie Mühlan entspannt am Strand spazieren geht und plötzlich eine Brise den feinen Strandsand in die Augen fegt. Plötzlich sind 80 % der Strandgänger blind. Papa (trägt keine Kontaktlinsen) führt dann eine tränende, jammernde, nichts sehende, Hand in Hand stolpernde Truppe zum Wohnmobil. Natürlich will sich jeder als erstes von den brennenden Dingern in den Augen befreien – leider gab es nur ein klitzekleines Waschbecken im Wohnmobil...

„Der Weiße Riese" – unser Wohnmobil als treuer Wegbegleiter über fast zwanzig Jahre.

Der Anfang unseres Abenteuers

Während unserer offiziellen Seminare nehmen wir uns meist nicht die Zeit, von unseren Anfängen zu erzählen. Aber wenn dann der Abend in einer gemütlichen Plauderrunde ausklingt, kommen die neugierigen Fragen: „Claudia, Eberhard, erzählt mal. Wie seid Ihr so plötzlich zu so vielen Kindern gekommen? Wie habt ihr das überhaupt geschafft?" Dann lehnt sich Eberhard entspannt zurück – wer ihn kennt, weiß, dass er gern erzählt – und legt los:

Kinder der 68er Generation

Claudia und ich waren gerade mal ein gutes Jahr verheiratet. Ich, Eberhard, studierte an der pädagogischen Hochschule in Braunschweig und Claudia arbeitete als Bürokauffrau bei Siemens. Als typische 68er-Jugendliche, in einer traditionellen Baptistengemeinde aufgewachsen, waren wir kritisch und unzufrieden: mit der Elterngeneration, mit der Gemeinde und mit der bürgerlichen Gesellschaft sowieso.

Uns bewegten die Fragen nach einer gerechteren Welt und vor allem nach dem Sinn unseres Lebens. „Trau keinem über dreißig!" war nicht nur unser Motto, sondern auch das unserer Freunde, und entsprechend verhielten wir uns, indem wir aber auch alles in Frage stellten. Ein äußeres Zeichen dafür war dann auch, dass meine Haare zum Ärger der Gemeindeglieder immer länger wurden.

Unsere Sehnsucht nach Freiheit kompensierten wir beide hauptsächlich mit abenteuerlichen Reisen. Zunächst mit einem Motorroller und dann mit einem alten VW-Bus, den wir provisorisch zu einem Camper ausbauten. In den Semesterferien gehörte uns ganz Europa: vom Nordkap bis nach Marokko. „On the road" war unser Motto – ganz nach „Easy Rider", dem Kultfilm unserer Zeit.

Da konnten wir Landschaften und Kulturen entdecken, stundenlang diskutieren und Zukunftspläne schmieden. Was jedoch die Gründung einer Familie betraf, verhielten wir uns diesbezüglich allerdings ganz spießig. „Also, mehr als zwei Kinder werden wir uns nicht leisten können", sinnierte ich zum Entsetzen von Claudia, wenn wir auf dieses Thema zu sprechen kamen. „Was die kosten! Und überhaupt, was bleibt dann noch von unserer Freiheit übrig?"

An den Hochschulen – Braunschweig eingeschlossen – tobten derweil die Studentenunruhen. Seminare wurden besetzt und zu politischen Diskussionen umfunktioniert. Vorlesungen fielen aus, und es wurde gestreikt. Die Studenten zogen demonstrierend durch die Straßen. Zunächst dachten wir, es ginge lediglich um eine Hochschulreform, die bitter nötig war. Doch dann eskalierten die Unruhen in Straßenbarrikaden und Terror gegen die Staatsmacht. Man wollte eine neue, bessere Gesellschaft, obwohl den meisten Mitläufern - wie auch uns - nicht ganz klar war, wie das tatsächlich funktionieren sollte.

Uns behagte das Ganze bald nicht mehr – da war plötzlich zu viel Gewalt. Als Christen war uns klar, dass es nicht ausreicht, lediglich gesellschaftliche Strukturen zu ändern. Der Mensch selbst mit seinem Egoismus und seiner Herrschsucht war das Hauptproblem. Wir wollten nicht nur diskutieren und alles kaputtmachen, sondern etwas Konstruktives tun.

Exkurs: Die 68er Kulturrevolution – wer sie war, und was sie wollte

Vorläufer der 68er studentischen Kulturrevolution war die „Neue Linke", eine internationale weltanschaulich-politische Bewegung, die nach 1960 aus dem Überdruss an der liberalen Wohlstandsgesellschaft entstanden ist. Politisch umspann sie ein Spektrum von Linksliberalen bis Neomarxisten. Ihre gemeinsame Strategie lautete: durch Kulturrevolution zur Gesellschaftsrevolution. Wesentlich für das Verständnis der Neuen Linken ist, dass sie die „radikale Umwandlung der Gesellschaftsordnung" nicht direkt anstrebte, sondern auf dem Umweg über den „kulturellen Apparat". Rudi Dutschke prägte damals den Begriff von dem „langen Marsch durch die Institutionen", d.h. in den Folgejahren wollten sie Schlüsselpositionen in Politik, Presse, Kultur und Bildungswesen einnehmen, um die „spätkapitalistische Klassengesellschaft" auszuwechseln gegen eine „freie Gesellschaft" mit „neuen emanzipierten Bürgern".

Das Erziehungswesen – vor allem Schule und Elternhaus - bildete von Anfang an eine Schlüsselposition. So wurde die politische Pädagogik unter den Namen „Kritische Pädagogik" und „Emanzipatorische Pädagogik" propagiert mit dem Ziel, eine „emanzipierte Persönlichkeit" zu schaffen, frei von allen Abhängigkeiten dieser verdorbenen Gesellschaft und der eigenen Familie.

Theodor Adorno, der verehrte Philosoph der 68er Studentengeneration, war überzeugt, dass der autoritäre Erziehungsstil des deutschen Elternhauses, der Kinder zu willenlosem Gehorsam drillte, zur Machtübernahme Hitlers und zu den Auswüchsen des Dritten Reiches beigetragen hatte. In überfüllten Hörsälen lehrte er, dass die Weitergabe von traditionellen Werten in Deutschland unterbrochen werden müsse und zwar dadurch, dass die Kindergeneration von ihren Eltern abgespalten wird. Wenn Kinder nicht mehr auf ihre Eltern hören würden, könnten sie ein neues, befreites Lebensbewusstsein entwickeln. [3]

---

[3] Zusammengestellt nach Wolfgang Brezinka „Die Pädagogik der Neuen Linken", Ernst Reinhardt Verlag, 1981.

Heute denkt man kaum noch daran, dass damals parallel zu den weltweiten politisch links orientierten Studentenunruhen auch eine geistliche Bewegung unter unzufriedenen, suchenden jungen Christen aufbrach. Unruhe und Veränderung lagen einfach in der Luft! Quasi als Gegenüber zur Hippie-Bewegung in den USA entstanden weltweit die „Jesus People", junge ausgeflippte Leute, die sich vielfach aus dem Drogenmilieu radikal zu Jesus bekehrten.

Volkhard Spitzer in Berlin leitete zu dieser Zeit eine „Jesus-People" Gemeinde und taufte scharenweise junge Leute im Wannsee. Walter Heidenreich, selbst ein drogensüchtiger Hippie, bekehrte sich mitsamt seiner Clique auf spektakuläre Weise zu Jesus und gründete das Rehabilitations- und Evangelisationszentrum „Wieslade" in Lüdenscheid. „Teen Challenge" und auch die Drogenarbeit „Kaffeetwete" in Braunschweig, deren Anfänge wir miterlebten, haben ihre Wurzeln in der „Jesus People" Bewegung.

Andere junge Christen bemühten sich auf soziale oder intellektuelle Weise Antworten auf die Fragen unserer Zeit zu geben. Es entstanden Kommunitäten wie die „Jesus Bruderschaft" und die „Offensive Junger Christen" auf Schloss Reichelsberg mit dem Ehepaar Hofmann und viele andere mehr.

Uns faszinierten besonders die „Christusträger" in Bensheim-Auerbach. Dort wohnte eine Gruppe junger Männer in einer alten Villa zusammen, jeder ging seinem Beruf nach - als Tischler, Bürokaufmann oder Architekt - und alle schmissen am Monatsende ihr Einkommen in einen Topf, bis auf ein Taschengeld von etwa 50 DM. Der Rest des Geldes, den sie nicht für ihren Lebensunterhalt brauchten, ging nach Pakistan, wo Mitglieder der „Christusträger" entbehrungsreich unter Leprakranken arbeiteten. Die deutsche Gruppe wiederum zog nach Feierabend mit ihrer Rockband durch die Lande, evangelisierte und diskutierte endlos mit den fragenden Jugendlichen über Sinn und Wert des Lebens.

Dieser radikal christliche Lebensstil war genau das, was wir suchten. Da die Gruppe nur aus Ledigen bestand, wir aber bereits verheiratet waren, gründeten wir mit einigen anderen Ehepaaren die „Christusträger-Unität". Mission im Ausland, das war auch unser Ziel!

Zu Hause bereiteten wir uns darauf vor und übten uns schon einmal in einem einfachen Lebensstil. Claudia gab ihr ganzes Monatseinkommen in die Mission, sodass wir beide nur noch von meinem kärglichen BAföG lebten. Morgens gab es Margarinebrot und Muckefuck, und wir waren dabei so glücklich wie noch nie zuvor in unserem Leben. Fleißig büffelten wir Spanisch, denn unser Ziel war, gleich nach meinem Studienabschluss nach Paraguay zu gehen und dort ein Kinderheim zu eröffnen.

„Wer eins dieser Kleinen aufnimmt …"

Aber Gottes Pläne für uns waren anders. In der Kaffeetwete, einem mehrstöckigen Haus in der Innenstadt Braunschweigs, begann eine Arbeit unter Drogenabhängigen, in der wir teilweise mitarbeiteten. Wie in jeder Pionierzeit ging es dort mitunter chaotisch zu.

So erlebten wir mit, wie Zwillinge, etwa zweieinhalb Jahre alt und dort offensichtlich fehl am Platz, mit den gefährdeten Jugendlichen zusammenlebten. Ihre Mutter hatte sich abgesetzt, und der Vater war nicht in der Lage, sie zu versorgen. Die beiden Kleinen konnten dort nicht länger bleiben! Da Claudia gerade ihren ersten Schwangerschaftsurlaub antrat, nahmen wir die beiden mit der Einwilligung des Vaters kurzerhand in unserer kleinen Studentenwohnung auf.

Wir hatten jedoch die Rechnung ohne das Jugendamt gemacht. Leicht erbost kamen zwei ältere Damen zur Visite und verhörten uns: Wie wir dazu kämen ohne Absprache mit dem Amt die Kinder aufzunehmen und überhaupt, wovon wir lebten und wie wir für die Kinder sorgen wollten? Unbefangen und naiv erzählten wir, dass dies ein Notfall gewesen wäre, die Kinder unbedingt ein Zuhause bräuchten und Gott uns sicherlich nicht im Stich lassen würde. O Wunder, die beiden Damen ließen sich überzeugen. Die Kinder blieben bei uns, obwohl wir noch so jung waren und über kein geregeltes Einkommen verfügten. Irgendetwas an unserer Art zu leben musste sie wohl beeindruckt haben.

Wenige Wochen später lebten wir zu fünft auf 48 Quadratmetern, denn nun war Nico, unser erster Sohn, geboren. Unser Leben wurde vollkommen umgekrempelt und uns dämmerte langsam: Dieses Abenteuer entsprang nicht allein unserem sozialen Drang, sondern Gott war dabei, uns einen Teil unserer Lebensberufung deutlich zu machen.

Ein Ausspruch Jesu faszinierte uns und ließ uns ahnen, dass noch mehr auf uns zukommen würde: *„Wer ein solches Kind in meinem Namen aufnimmt, der nimmt mich auf"* (Matthäus 18,5). Na prima: Jesus, gleich zweimal in unserer neu gegründeten Familie vertreten – da kann ja nichts mehr schief gehen!

Glücklicherweise konnten wir schnell in ein großes altes Haus mit riesigem Garten am Stadtrand umziehen, und wir erlebten eins der ersten Wunder in unserer Familiengeschichte: Für ein ganzes Jahr durften wir dort kostenlos wohnen, bis ich mein erstes Gehalt als Lehrer bekam. Gott stellte sich wirklich zu uns!

Die beiden Damen vom Jugendamt hatten uns jedoch nicht vergessen. Sie standen kurz vor ihrer Pensionierung und wollten bis dahin so viele Kinder wie möglich aus den damals noch bestehenden, im alten Stil geführten, sterilen Säuglings- und Kleinkindheimen in Pflegefamilien vermitteln. So meldeten sie sich alle paar Monate bei uns und fragten vorsichtig an, ob wir nicht noch einen Notfall aufnehmen könnten. In meiner impulsiven Art antwortete ich: „Was, ein Notfall? Natürlich, bringen Sie das Kind vorbei!"

„Ja, aber wollen Sie es sich nicht erst noch anschauen?"

„Aber nein, kaufe ich denn einen Pudel, dass ich gucken muss, ob das Kind blaue Augen oder blonde Haare hat? Bringen Sie es vorbei!"

Bei dieser Antwort waren die beiden Damen sprachlos, denn so etwas hatten sie in ihren vielen Dienstjahren offensichtlich noch nicht erlebt. Auf diese Weise kam es dann, dass wir beide innerhalb eines Jahres sechs kleine Geschöpfe in unserer Obhut hatten – das älteste vier Jahre alt und das jüngste ein Säugling. Claudia war mit 21 Jahren bereits sechsfache Mutter und ich, knapp vier Jahre älter, stand dicht vor meinem Lehrerexamen.

Kurze Zeit später nahmen wir noch ein weiteres Kind auf und im schönen Abstand von etwa drei Jahren wurde ein Mühlan nach dem anderen geboren, bis wir schließlich auf die stattliche Zahl von sechs angenommenen und sieben leiblichen Kindern gekommen waren.

Eberhard mit den zweieinhalb Jahre alten Zwillingen 1971

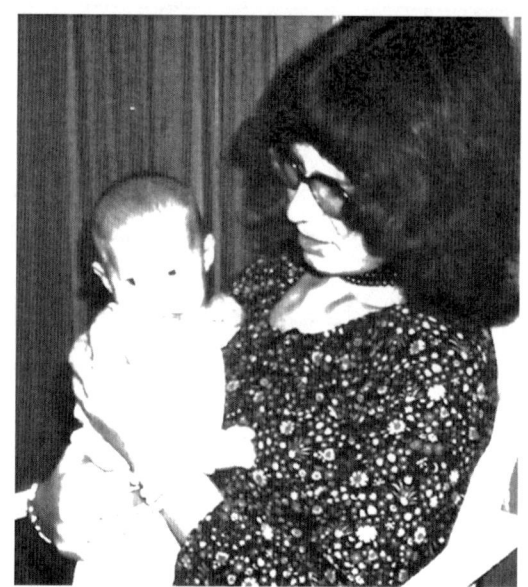

Claudia mit dem neugeborenen Nico 1971

Am Frühstückstisch

Wo habt ihr nur die vielen Kinder her?

Von Papa, zusammengefasst anlässlich einer Familienfeier:

Das wurden wir schon zigmal in unserem Leben gefragt. Sechs Kinder innerhalb eines guten Jahres ist schon eine ordentliche Leistung. Und das nach eineinhalb Jahren Ehe, und die Mutter gerade mal 21 Jahre alt! Schon verrückt. Nun, Auslöser war unser brennendes Herz für Jesus. Ihm wollten wir dienen.

Nico war ein Wunschkind. Papa studierte zwar noch und Mama hatte eine vier Tage Stellung als Bürokauffrau bei Siemens, aber was soll's? Irgendwie wird Gott uns schon durchbringen.

Wie kamen wir an die Zwillinge? Wir waren externe Mitarbeiter in der Kaffeetwete, dem neu gegründeten Rehabilitationszentrum für Drogensüchtige. Und da wart ihr, ihr beiden Süßen mit euren zweieinhalb Jahren, inmitten der Junkies. Das erste Mal sahen wir euch in einem der riesigen, fast leeren Zimmer auf dem Töpfchen sitzen, umringt von auf dem Boden liegenden Süßigkeiten. Glatzköpfig, weil euch der Läuse wegen die Haare geschert worden waren – aus Jux, man hätte es auch anders machen können.

Irgendjemand musste sich um euch kümmern, mal spazieren gehen und was Ordentliches zu essen geben. So fingen wir an, euch zu umsorgen, und in unserem Inneren wuchs der Gedanke, euch aufzunehmen – Claudia musste doch ohnehin bald mit Nico zuhause bleiben.

Und so kam's: mit Claudias Mutterschutz nahmen wir Britta und Tina kurzerhand zu uns in unsere kleine Zwei Zimmer Wohnung in der Karlstraße. Und hatten naiver Weise die Rechnung ohne das Jugendamt gemacht. Zwei alte Damen tauchten auf und verhörten uns streng. Oh Wunder, sie ließen uns die Zwillinge. Irgendetwas musste sie an uns beeindruckt haben.

Mittlerweile wurde es mit fünf Personen eng in der Karlstraße. Ich ging auf Wohnungssuche und bekam natürlich nichts. Wer gibt schon einem langhaarigen Studenten ohne Einkommen und drei Kindern eine Bleibe. Aber Gott hatte eine Lösung. Da war der alte Kowalewski aus der Baptisten Gemeinde, der in Stöckheim ein altes Haus gekauft hatte und es zu einem Zweifamilienhaus umbaute.

So durften wir oben wohnen, während er unten eine Wohnung ausbaute, und dann unten wohnen, während er oben renovierte – immer schön im Baulärm und Dreck und manchmal ohne Wasser.

Aber was sollte es, es war kostenlos. Exakt, bis ich mein erstes Gehalt als Lehrer bekam. Was für ein Timing Gottes! Das Haus mit dem großen Garten war für uns wie ein Geschenk des Himmels. Hier wollten wir bleiben.

Langsam keimte der Gedanke: Warum nehmen wir nicht noch mehr Kinder auf? Das wurde zur Sicherheit, aber nicht wir schritten zur Tat, sondern die zwei Damen aus dem Jugendamt. Sie riefen nämlich an und fragten, ob wir noch mehr Kinder aufnehmen wollten.

So besuchten wir dich, kleine Claudia, im damaligen „Großen Waisenhaus" an der Salzdahlumerstraße. Du warst gerade mal vier Jahre alt. Mein erster Eindruck: da standst du in dem großen Zimmer mit mehreren Stockwerkbetten und zeigtest uns dein Bett und deinen Besitz: einen Stoffteddy. Fragende, liebeheischende Blicke, die Knie zerschürft, der Gang ganz eckig. „Was kommt da auf mich zu?", magst du gedacht haben.

Wir besuchten dich mehrmals, und dann kam der große Tag an dem wir dich mit Nico und den Zwillingen heimholten. Kinder sind immer eine Brücke und machen es leichter, sich in eine neue Umgebung einzufinden.

Ich erinnere mich, wie du in der ersten Zeit einem Engel gleich durch das Haus schwebtest und alles bewundertest. Denn eine Küche, in der man alles selber macht, hattest du bisher nicht zu Gesicht bekommen. Auch ein Baby, das bemuttert werden konnte und zwei Schwestern, die dich zwar auch ärgerten, aber doch nicht so gemein waren, wie die Jungen im Waisenhaus – alles war neu für dich.

Stefan, du kamst aus dem Säuglingsheim in der Herzogin Elisabeth Straße. Es war noch eins vom alten Stil, und das Jugendamt wollte es unbedingt auflösen. Der kleine Stefan mit seinen zweieinhalb Jahren war schon viel zu alt und sollte weg.

Beim ersten Kennenlernen fiel mir dein fahriges, scheues Lächeln auf, so als könntest du niemandem trauen. Du trippeltest unbeholfen auf den Zehenspitzen.

Vielleicht wäre er spastisch, meinten die Schwestern und fügten gleich hinzu: „An seine Wutanfälle müssen Sie sich auch gewöhnen."

Als wir mit dir spazieren gehen wollten, stellte sich heraus, dass du überhaupt keine Ausgehsachen hattest. Bisher hatte wohl niemand Zeit gehabt, mit dir nach draußen zu gehen. Auch dich konnten wir nach einiger Zeit abholen – dieses Mal mit vier kleinen Therapiespezialisten.

Und du gewöhntest dich schnell ein. Die erste Zeit trippeltest du zwar noch unsicher auf den Zehenspitzen, aber dann war deine Unbeholfenheit verflogen. Dir fehlte offensichtlich nur die Bewegung.

Harald, du kamst aus dem gleichen Säuglingsheim. Du warst Claudia schon bei den Besuchen von Stefan aufgefallen. Da war eine lange Reihe von weißen Kinderbettchen. In ihnen lagen die weiß und steril gewickelten Babys auf dem Rücken, über sich ein Holzgestell, in dem eine Trinkflasche steckte.

Und eins dieser Babys war ein süßes, schwarzhaariges. Mit einem unendlich traurigen Blick und tief zerfurchter Stirn starrte es vor sich hin. Das muss Mama wohl durch Herz gegangen sein, denn beim Abschied sagte sie den Schwestern: „Den holen wir uns auch noch!"

Du kleiner Kerl gingst uns nicht aus dem Sinn. Wir erkundigten uns nach dir und erfuhren, dass du Harald heißt und auch frei zur Abgabe warst. Da wollten wir dich so schnell wie möglich aus dem emotionalen Gefängnis befreien. Es war Dezember und die Schwestern wollten dich einfach nicht herausrücken, da sie nicht auf die Weihnachtsprämie verzichten wollten. Da kannten sie Claudia schlecht, denn sie wollte dich sofort von dem Trinkgestell weg haben. So kämpfte sie, und du, Harald – dieses Mal von fünf Geschwistern abgeholt – wurdest unser Weihnachtsgeschenk.

So kamen aus einer Schwangerschaft sechs Kinder heraus. Gott schenkte uns für jedes von euch kleinen Geschöpfe eine unbändige Liebe, die man in diesem Ausmaß nicht selbst erwecken kann – und wir lernten gemeinsam als Familie zu leben.

Chris wurde in diese große Geschwisterzahl geboren. Die beiden alten Damen vom Jugendamt waren stolz auf uns und gaben uns jede Unterstützung. Ein

Ziel hatten sie noch vor ihrer Pensionierung: Sie wollten dieses unmögliche Säuglingsheim unbedingt auflösen.

Deshalb riefen sie an und fragten, ob wir noch einen Notfall aufnehmen könnten, die kleine Mona. Aber natürlich, wir wussten ja, was sich in diesem Heim abspielte. So kamen wir mit einer Großdelegation und führten dich, kleine Mona - gerade mal vier Monate alt - heim. Du warst so ernst, da gab es am Anfang kein Lächeln auf deinem Gesicht. Das Leben war schwer gewesen, und das musste herausgebrüllt werden. Da hattest du unser vollstes Verständnis. Und Hunger hattest du! Am Anfang mussten dich zwei gleichzeitig füttern. Du konntest nicht genug bekommen. Und auch das legte sich. Dein Lachen kam mit dem Segen und Frieden Gottes.

Jetzt ist aber Schluss mit dem Kinder aufnehmen machte uns das Jugendamt klar. Mit einem weiteren Kind müssten wir ein Heim aufmachen. Und das wollten wir nicht – trotz aller finanziellen Verlockungen. Wir hatten euch Kinder doch nicht aus einem Heim geholt, um wieder ein Heim mit all seinen Verordnungen aufzumachen. So blieben wir ein sogenanntes Pflegenest.

Und warum hatten wir nicht genug und schufen noch fünf weitere süße Mädchen? Ganz einfach: aus Freude an Kindern und dem Zusammenleben mit ihnen! Und um ganz ehrlich zu sein: wir waren so fasziniert von den zwei herrlichen und unterschiedlichen ersten Mühlan Produktionen, dass wir einfach wissen wollten, wie die nächste Kreation namens Ines einmalig anders ausfallen würde, und die nächste Esther, und die nächste Mirke, und die nächste Tirza, und die nächste kleine Marie… Und dann sagte Mama: „Jetzt habe ich Frieden. Die Schöpfung ist mit dem Siebten vollbracht!"

Und wenn ein ganz Vernünftiger uns der Übertreibung bezichtigen wollte, dann soll er uns sagen, auf welches dieser herrlichen Geschöpfe wir hätten verzichten sollen. Wir jedenfalls wissen es nicht!

Rechts:
Fertig zum Spaziergang 1973

Unten:
Das Spielhaus 1975

Links:
Im Garten 1975

Woher nur die Kraft und den Durchblick nehmen?

Es war abzusehen, dass wir beiden jungen Leute mit den sechs kleinen Kindern schnell an die Grenzen unserer körperlichen und psychischen Kräfte kamen. Zudem erfuhren wir von den Leuten um uns herum nicht gerade viel Ermutigung, sondern hörten vielmehr warnende Stimmen: „Damit übernehmt ihr euch doch bloß. Das kann doch nicht gut gehen!" Oder dieser absolut „ermutigende" Spruch: „Kleine Kinder kleine Sorgen, große Kinder große Sorgen." Na danke, das tat uns gut.

Zwei existentiell wichtige Fragen trieben uns um: „Wo holen wir nur die ganze Liebe, Geduld und Kraft her, die die sechs Kleinen so nötig brauchen?" und „Wie können wir richtig mit ihnen umgehen? Was ist der angemessene Erziehungsstil?" Wie wir das Ganze finanziell bewältigen sollten, dazu machten wir uns mit unserem Optimismus wenig Gedanken. Schließlich hatte Gott das alles eingefädelt.

Jedes der Kleinen brachte seine eigenen seelischen Defizite mit. Ihre verzweifelten Gefühlsausbrüche waren manchmal schwer zu ertragen und ihr ständiger Hunger nach Zuwendung kaum zu stillen – sie kamen uns manchmal vor, wie ein Fass ohne Boden.

Die erste Frage wurde bald beantwortet. Wir lernten die damals junge charismatische Bewegung kennen und damit einen Lebensstil, der uns bisher unbekannt war.

Vor allem ein Bibelvers weckte in uns die Sehnsucht nach mehr vom Heiligen Geist: *„Denn die Liebe Gottes wird ausgeschüttet in eure Herzen durch den Heiligen Geist"* (Römer 5,5). Das war's! Wir brauchten für unsere vielen Kinder mehr von Gottes Liebe, und der Schlüssel war, den Heiligen Geist zu bitten, dies in uns zu bewirken. Wie schnell ist man doch am Ende seiner Kraft – und dann will Gott SEINE Liebe in unsere Herzen ausschütten? So, dass wir auch dann, wenn wir am Ende sind, immer noch Zuwendung und Annahme weiter geben können – gespeist von Heiligen Geist.

Unbefangen ließen wir für uns beten und verspürten echte Veränderungen: Einen neuen Hunger, in der Bibel zu lesen, die Maßstäbe der Heiligen Schrift ernst zu nehmen und umzusetzen sowie eine brennende Liebe zu Jesus, die sich durch Lobpreis und Anbetung ausdrückte! Überhaupt lernten wir ein neues Motto kennen: Einen Lebensstil der Anbetung!

Claudia schwanger mit Chris 1973

Claudia: Das waren schon drastische Veränderungen, die plötzlich in mein Leben traten. Erst die Schwangerschaft, dann ein neugeborenes Baby und fünf kleine, verstörte Geschöpfe dazu. Und alles innerhalb eines Jahres. Wie sollte ich das nur bewältigen?

Nun gut, praktisch war ich schon immer veranlagt und organisieren konnte ich auch. Und Eberhard packte wie selbstverständlich mit an. Rückblickend ist die Hausarbeit mit allem

Drum und Dran für uns nie das größte Problem gewesen, dagegen aber das ständige Präsentsein, die Geduld, der Durchblick, die rechten Gesten und Worte: Eben den „emotionalen Tank" der Kinder zu füllen.

Eins war mir schon immer klar: Wenn ich es nur schaffen würde, immer mal wieder zu beten und mir Gottes Beistand und Gegenwart den ganzen Tag zu vergegenwärtigen, dann würde alles leichter gehen. Aber nein, dann verlor ich mich mitten im Trubel und schon reagierte ich dämlich oder unbeherrscht. „Wenn ich Gott bewusst im Herzen hätte, würde mir das nicht passieren", sagte ich mir.

In meiner Verzweiflung fasste ich einen heroischen Vorsatz: Ich nahm mir eine Zeitschaltuhr, drehte sie zum Klingeln auf eine Stunde und steckte sie mir in die Tasche. Bei jedem Klingeln wollte ich mich für einige Minuten zurückziehen, mich auf Gott besinnen und beten. „So kannst du an Gott dran bleiben!" ermutigte ich mich.

Gedacht, getan! Aber fast jedes Mal, wenn ich mich kurz zurückziehen wollte, war irgendetwas zwischen den Kindern oder sie merkten: „Mama ist nicht da!" und riefen nach mir. Diese Methode hielt ich nicht lange durch.

Und dann erlebte ich dieses Gebet um mehr vom Heiligen Geist und – wie man mir sagte – das Beten im Geist, andere reden auch vom „Beten in Zungen". So wie es in der Apostelgeschichte berichtet wird. Ohne es mir richtig bewusst zu machen, erlebte ich etwas völlig Neues: Während meiner Hausarbeit sang etwas in mir und malte mir Gottes Gegenwart und Kraft vor Augen. Jetzt hatte ich mein Ziel erreicht und konnte mit Gott den Alltag bewältigen. Zeitschaltuhr ade!

Wenn wir heute zurückblicken, dann war das Aufwachsen in einer bibeltreuen Baptistengemeinde, die Begegnung mit den „Christusträgern" und der charismatischen Erneuerungsbewegung für uns junge Christen lebensprägend.

Die Christusträger lehrten uns, einen Blick für die Ausgestoßenen in unserer Gesellschaft zu bekommen und im Vertrauen auf Gott einen einfachen Lebensstil zu führen. Die charismatische Erneuerungsbewegung zeigte uns die Dimension Gottes als liebender Vater, schürte in uns das Feuer der ersten Liebe zu Jesus und führte uns in einen Lebensstil der Anbetung. Unser solides evangelikales Erbe durch das Aufwachsen in einer Baptistengemeinde aber half uns bei all dem eine gesunde Ausgewogenheit zu bewahren.

Gott, unser Versorger

Eine große Familie zu versorgen kostet in unserer Gesellschaft immens viel Geld. Eine häufig an uns gestellte Frage war auch: „Wie habt ihr das nur finanziell geschafft mit so vielen Kindern?"

Natürlich hatten wir immer wieder mit deftigen finanziellen Engpässen zu kämpfen und konnten uns oft nicht das leisten, was sich andere unbeschwert anschafften. Immerhin lebten wir viele Jahre ohne eine feste Anstellung - im „Glauben", wie man das so schön in christlichen Kreisen sagt; von Vortragshonoraren, Buchantiemen und einem Freundeskreis, der uns unterstützte. Und doch konnten wir meistens unbekümmert und ohne Neid auf andere leben. Wir hatten vielmehr das starke Vertrauen, dass Gott unser Versorger ist und bleibt. Und tatsächlich: Bei allem spannenden finanziellen Auf und Ab der letzten dreißig Jahre überwiegen die positiven Erfahrungen. Nicht nur das: Wir haben spektakuläre Wunder erlebt.

Claudia: Ich gehe durch die Haushaltsabteilung von Karstadt und sehe so einen schönen großen Dampfdruckkochtopf. „Oh, wäre es schön, den zu besitzen", seufze ich in einem Stoßgebet.

Die Wochen vergehen und es klingelt. An der Tür steht ein Vertreter von Karstadt und sagt, er hätte etwas abzugeben. „Das muss ein Irrtum sein", erwidere ich, „Ich habe nichts bestellt".

„Doch, doch", drängt er „Ich bin doch hier bei Mühlans, oder nicht?" So geht es hin und her. Schließlich platzt ihm der Kragen. „Aber die Sendung ist doch schon bezahlt!", schimpft er.

„Was? Wie?", rufe ich. „Dann geben Sie es her!"

Ich packe das Paket aus, und was ist drin? Ein schöner, großer Dampfdruckkochtopf. „Danke, Vater im Himmel. Wie hast du das angestellt?" Dabei hatte ich noch nicht mal richtig gebetet.

Oder: Unser Geschirrspüler versagt in seinem Dienst. Das ist bei einer großen Familie schon eine mittlere Katastrophe. Und kein Geld übrig, um schnell einen neuen zu kaufen. Da bleibt nur Gebet. Dieses Mal bin ich kühn und bete: „Oh, Herr, bitte, bitte so einen gewerblichen, der in 15 Minuten fertig ist!"

Die Kinder erkennen den Ernst der Lage – die Mehrarbeit liegt plötzlich auf ihnen – und beten bei den Abendandachten wie die Weltmeister. Und dann stehen zwei Männer vor der Tür und erklären: „Wir hatten in unserer Firma eine Tombola und wollen den Gewinn für einen guten Zweck spenden. So haben wir beim Jugendamt nachgefragt und die sagten: Gehen Sie mal zum Pflegenest Mühlan, die können immer was gebrauchen…"

Erstaunlich ist nur, wie die Summe immer genau passt.

Und dann noch ein bis heute unvergessliches Wunder: Von einem guten Freund bekommen wir eine Einladung nach Israel. „Ihr könnt die ganzen Sommerferien in meinem Haus in Jerusalem verbringen. Mit so vielen Kindern, wie ihr wollt!"

Was für eine großartige Chance. Aber wie kommt man dahin? Wie können die Flüge bezahlt werden? Eberhard und ich beten und kommen zu der Gewissheit, dass Gott uns dieses Erlebnis gönnt und auch für die Flüge sorgen wird. Wir entschließen uns, alle Schulkinder mitzunehmen. Das waren damals sieben – also neun Flugtickets. Und wir hätten von uns aus vielleicht gerade mal ein bis zwei bezahlen können.

Wir teilen die Reise unseren Kindern mit. Großer Jubel und intensive Gebete in unserer Abendrunde. Die Zeit verstreicht, und die Flugtickets müssen bezahlt werden. Jetzt werden wir langsam nervös. Wie wird Gott es dieses Mal regeln?

Dann ist Eberhard bei einem Vortrag in Hannover. Nach der Veranstaltung kommt jemand zu ihm, drückt ihm einen kleinen, prall gefüllten Lederbeutel in die Hand und sagt, das hätte ihm jemand für die Familie Mühlan gegeben.

Eberhard ahnt schon, was darin sein könnte und spart sich den großen Moment auf. In der nächsten Gebetsrunde zu Hause sagt er: „Kinder, ich glaube, ich habe unsere Gebetserhörung", nimmt den Beutel und stülpt ihn auf dem Teppich aus. Ein Berg von blauen Hundertmarkscheinen – genug, um alle Tickets zu bezahlen.

Dieser Beutel hängt heute noch am Bücherregal im Wohnzimmer. Immer wenn wir darauf schauen, wird uns Gottes Fürsorge und Liebe bewusst. Das Ganze ist jetzt schon viele, viele Jahre her. Ehrlich, wenn wir den Beutel nicht hätten, ich wäre geneigt, zu denken, dass wir uns das alles eingebildet hatten.

Diese Erfahrungen mit Gottes Fürsorge haben unsere Kinder tief geprägt. Einer unserer Söhne fasste es später bei seinem Rückblick auf die Kindheit einmal so zusammen: „Ich habe in meiner Familie Gott als einen liebevollen Vater und Versorger erlebt. "

Wenn wir heute zurückblicken, dann sind wir überzeugt: Hätten wir damals nicht so intensive Erfahrungen mit der Kraft Gottes gemacht und auch immer wieder Wege gefunden, diesen dynamischen christlichen Lebensstil aufrechtzuerhalten, wir hätten mit den Kindern nicht so ausgeglichen und liebevoll umgehen können. Vielleicht hätten wir auch gar nicht durchgehalten und wären gescheitert. Denn die Herausforderungen mit den Verhaltensauffälligkeiten bei einigen angenommenen Kindern waren immens. Wir kamen uns vor wie auf einem Missionsfeld und wollten unser Leben für die kleinen verletzten Geschöpfe hingeben.

Aber wir geben auch gerne zu: Wir „brauchten" eine besondere, verrückte Aufgabe für unser Leben! So sind wir wohl „gestrickt", und Gott hat uns beim Schopf gepackt.

Auf der Suche nach einer biblisch orientierten Pädagogik

Wir hatten also mittlerweile sechs kleine Kinder zu Hause mit all den damit verbundenen praktischen und erzieherischen Anforderungen, und gleichzeitig musste ich das Studium an der Pädagogischen Hochschule zu Ende bringen.

Kein Wunder also, dass mich alles, was mit Entwicklungspsychologie, Soziologie, Pädagogik zu tun hatte, brennend interessierte, und so belegte ich an Vorlesungen und Seminaren, was ich nur finden konnte. Claudia bekam dann zu Hause alles frisch aufgebrüht von mir erzählt und schüttelte manchmal den Kopf über die wirren Ideen, die ich ihr auftischte.

Ein Studium voller Widersprüche

In den Vorlesungen nahm die Freudsche Entwicklungspsychologie, insbesondere die tiefenpsychologische Trauma-Theorie einen breiten Raum ein. Die Thesen des Psychoanalytikers Rattner wie: „Das Gefühlsleben wie die innersten Antriebe werden in den ersten Lebensjahren determiniert (festgelegt)"[4] oder „Traumatische Erfahrungen der frühen Kindheit sind später nicht wieder gutzumachen" beunruhigten mich.

---

[4] Hemminger, Hansjörg, Kindheit als Schicksal? Die Frage nach den Langzeitfolgen frühkindlicher Verletzungen, Rowolth 1982, S. 21.

Sofort musste ich an unsere angenommenen Kinder denken, die alle in ihren ersten Lebensmonaten dramatische emotionale Verlusterfahrungen durchgemacht hatten. „Wird eine Persönlichkeit tatsächlich in den ersten Lebensjahren so unabänderlich festgelegt?", fragte ich mich. „Was können wir dann überhaupt noch bei unseren Kindern ausrichten?" Diesen Fragen wollte ich auf den Grund gehen.

Innerhalb von Freuds Trieblehre wurde die Sexualität als *die* überragende Triebkraft menschlichen Verhaltens gedeutet. Aus diesem Grunde wurde dann auch allgemein gefordert, dass Kinder für ihr gesundes Aufwachsen von früh an zu einer freien sexuellen Betätigung stimuliert werden müssten. Der Sexualtrieb dürfe nicht verdrängt, sondern müsse ausgelebt werden. „Kleinkinder sollten zur Masturbation und Pubertierende zum Geschlechtsverkehr ermutig werden." So der Originalton der „Neuen Linken" an der Hochschule. Diese „wissenschaftliche" Lehrmeinung verwirrte mich zutiefst.

Der neueste Hit an der Hochschule war damals allerdings die antiautoritäre Erziehung. Intensiv studierten wir die Erziehungsprinzipien des Engländers A.S. Neill mit seinem Projekt der „Summerhill School", in der er mit seinen Internatsschülern ohne autoritäre Regeln zusammenleben wollte. Er deutete die „Trauma-Theorie" Freuds für sich um zu einer Strategie des „Gewährenlassens". So propagierte er: Je weniger Frustrationserfahrungen in der Kindheit, umso weniger Neurosen im Erwachsenenalter!

Wir diskutierten Thesen wie: „Wer sein Kind liebt, braucht es nicht zu erziehen" und analysierten den partnerschaftlichen Erziehungsstil von Rudolf Dreikurs, dessen These es war: „In einer Gesellschaft Gleichwertiger kann keiner über den anderen herrschen.

Wie der Mann seine Macht über seine Frau verlor, so verloren beide Eltern ihre Macht über ihre Kinder."[5]

Exkurs: Was wollte die „antiautoritäre Erziehung"?

„Man kann das Schlagwort ‚antiautoritäre Erziehung' im Sinne einer individualistischen Erziehungslehre interpretieren, wie sie durch liberale Intellektuelle von Rousseau über Ellen Key und Dewey bis zu A.S. Neill immer wieder vertreten worden ist. Dann ist damit ein Erziehungsziel gemeint, das man als ‚kindzentriert' oder ‚permissiv' (d.h. gewährenlassend) bezeichnen kann. Er lässt sich durch folgende Merkmale beschreiben: Gewährenlassen, weitestgehender Verzicht auf Führung und Gehorsamsforderung, auf Zwang, Strenge und Strafen, auf Versagungen und auf Einschränkungen der spontanen Aktivität, auf Leistungsforderungen und Leistungsbeurteilung, extreme Toleranz gegenüber Fehlverhalten, größtmögliche Rücksichtnahme auf Wünsche, Neigungen und Beschäftigungen, welche die Educanden (die zu Erziehenden) jeweils gerade für ihre ‚Interessen' halten. Diesem Stil liegt die Annahme zugrunde, dass die Kinder zur Selbstregulierung ihrer Antriebe imstande seien. Nach Seifert sollen die Kinder ohne Schuldgefühle, also frei von dem, was wir heute Moral nennen, ... aufwachsen können."

Etwas anders klangen die Thesen der Lerntheorien des amerikanischen Behaviorismus, den Milieu-Theorien von Watson und Skinner, die neben der antiautoritären Erziehung an der Hochschule enthusiastisch gelehrt wurden. Das war wie ein Wechselbad. Eine mögliche Prägung durch Vererbung war plötzlich kein Thema mehr,

---

[5] Rudolf Dreikurs/Vicki Soltz, „Kinder fordern uns heraus", Klett-Cotta, 1980, S. 13.

Umwelteinflüsse erklärten alles: „Wenn Menschen asozial oder unglücklich sind, liegt die Schuld immer bei deren Umwelt."[6]

Als ich dann in Veröffentlichungen von Watson Sätze las wie: „Ich brauche keinen Gott; ich brauche nur die Fähigkeit, meinen Lehmklumpen so zu formen wie der Töpfer den seinen"[7], wurde ich bei aller Erziehungseuphorie, die mich in der Hochschule umgab, doch misstrauisch.

Und das klassische Beispiel der modernen Verhaltenstherapie, das uns immer wieder als vorbildlich erläutert wurde, stieß mich nahezu ab: Ein von Watson durchgeführtes Experiment mit dem neun Monate alten „Albert B.", dem durch Konditionierung Ängste (vor Ratten) beigebracht und dann wieder abgewöhnt worden waren.

„So kann man doch nicht mit Menschen umgehen", sagte ich mir. „Wo bleibt da seine Würde?" Der eine behauptet, der Mensch sei ein Triebbündel, der andere glorifiziert ihn zu einem unschuldigen guten Wesen, das zum Aufwachsen nur Liebe braucht und ein dritter macht ihn zur Maschine, die je nach Input gut oder böse wird. Richtig ärgerten mich die gotteslästerlichen Aussagen Watsons, der seine psychologischen Fähigkeiten mit der Schöpferkraft Gottes gleichsetzte.

Wie ist der Mensch wirklich beschaffen? Was ist denn nun der richtige Erziehungsstil? Dies waren Fragen, die mich umtrieben. Bei den verschiedenen Erziehungstheorien, die ich anfangs mit Begeisterung studierte, konnte ich keine Einheitlichkeit mehr finden, sondern entdeckte stattdessen immer mehr Widersprüche.

---

[6] Peter R. Hofstätter, „Psychologie zwischen Kenntnis und Kult", Oldenbourg Verlag, 1984, S.49.
[7] Peter R. Hofstätter, a.a.O., S. 51.

Woher nur die richtigen Maßstäbe nehmen?

„Ihr habt gut reden, hier in der Hochschule", sagte ich mir. „Und was sollen wir zu Hause machen? Wir können mit unseren Kindern doch nicht einfach herumexperimentieren! Mal ein paar Monate nach der antiautoritären Methode und wenn sie uns zu wild werden sollten, wechseln wir zum Drill der klassischen Konditionierung? So geht es doch nicht!"

Ein Familienausflug

Zu dieser Zeit standen wir auf einsamem Posten. Die meisten meiner Kommilitonen hingen begeistert der antiautoritären beziehungsweise emanzipatorischen Erziehung nach. Viele christliche Familien um uns herum, von denen wir uns als absolute Jungeltern Hilfe und Beratung wünschten, übernahmen unreflektiert antiautoritäre Parolen und schalteten ab, wenn wir versuchten, diese zu hinterfragen. Die Euphorie war einfach zu groß. Jahre später konnten wir bei einigen Familien die bitteren Früchte dieses falschen Erziehungskonzeptes beobachten.

Claudia und mir wurde schmerzhaft klar: Jeder Tag im Zusammenleben mit unseren Kindern wird auf ihr Empfinden und Verhalten seine Auswirkungen haben. Man kann nicht einmal so und dann wieder anders auf sie einwirken. Denn der Bibelvers: *„Was der Mensch sät, das wird er ernten!"* (Galater 6,7), gilt auch für ein Familienleben.

„Woher sollen wir nur die Maßstäbe für den täglichen Umgang mit unseren Kindern nehmen? Welches Erziehungsmodell ist das richtige?", fragten wir uns verzweifelt.

Dr. Francis Schaeffer, der in der Schweiz ein Orientierungszentrum für Studenten leitete, half uns schließlich mit seinem Buch „Wie können wir denn leben?" weiter. Genau das war unsere Frage: „Wie sollen wir nur unser Leben gestalten?" In seiner Analyse der geistigen Entwicklung des Abendlandes erläuterte er immer wieder folgende These: „Wie der Mensch denkt, so ist er, so handelt er. Die persönliche Weltanschauung ist wie ein Sieb, durch das alle Informationen hindurch müssen." Vor allem prägten wir uns einen seiner Lehrsätze ein: Humanismus und christlicher Glaube lassen sich nicht miteinander vereinen![8]

Fasziniert von seinen brillanten christlich-intellektuellen Ausführungen wurde uns plötzlich klar: Unser Menschenbild – also wie wir meinen, dass der Menschen beschaffen sei – wird konsequenterweise unseren Erziehungsstil beeinflussen!

---

[8] Francis Schaeffer, „Wie können wir denn leben?", Hänssler, 1977, S. 243.

Welches Menschenbild ist das Richtige?

Sensibilisiert für die einzelnen Strömungen, begann ich die verschiedenen Erziehungstheorien meiner Hochschule nach ihrem jeweiligen Menschenbild zu hinterfragen.

Bei Watson und Skinner war es ziemlich einfach: Bei ihnen wird der Mensch durch die Art und Weise, wie ihn die Umwelt beeinflusst hat, erklärt. Er hat keine Möglichkeit, sich frei zu entscheiden. Der englische Philosoph John Locke (1632-1704) hatte das schon vor langer Zeit folgendermaßen formuliert: „Der Mensch kann am Beginn seines Lebens mit einem ‚weißen Blatt Papier' verglichen werden, das erst durch die Sinneseindrücke, die er von anderen gewinnt, beschrieben wird."[9]

Siegmund Freud vertritt mit seinem Menschenbild einen ähnlichen Determinismus. Nach seiner Auffassung wird die Persönlichkeit eines Menschen lebensbestimmend von der Mutter-Kind-Beziehung während der ersten Lebensjahre geprägt. Danach ist erzieherisch nicht mehr viel zu machen.

Die antiautoritäre Erziehung beruft sich mit ihrem Menschenbild auf den wohl bekanntesten Philosophen der Aufklärungszeit, Jean Jacques Rousseau (1712-1778). Rousseau brachte das Konzept der autonomen Freiheit des Menschen und forderte dementsprechend die Freiheit von Einschränkungen jeder Art. Einer seiner klassischen Aussprüche lautet: „Der Mensch wurde frei geboren, aber überall ist er in Ketten." So schrieb er: „Wenn der Mensch von Natur aus gut ist, wie ich – glaube ich – nachgewiesen habe, dann folgt daraus, dass er so bleibt, solange ihn nichts, das ihm fremd ist, verdirbt." In seinen „Konzessionen" zum Beispiel erklärt er, die beste Erziehung sei eigentlich die Abwesenheit von Erziehung.[10]

Diese und viele andere Thesen Rousseaus hatten Einfluss auf das Denken aller nachfolgenden Generationen. Die Werke Goethes,

[9] Wolfgang Brezinka, a.a.O., S. 110.
[10] Francis Schaeffer, a.a.O., S. 152-153.

Schillers, Lessings, um nur einige zu nennen, wie auch die heutigen Bestrebungen der emanzipatorischen Pädagogik spiegeln sein Denken wider.

Rousseau formulierte schon im 17. Jahrhundert die Grundlagen der antiautoritären Erziehung: Der Mensch ist von Natur aus gut, folglich können die Ursachen für das Böse nicht im Kind liegen, sondern nur in den prägenden Einflüssen der Umwelt.

Lediglich die von Jean Piaget begründete kognitive Psychologie, eine weitere Strömung innerhalb der Pädagogik des 20. Jahrhunderts, gesteht dem Kind zu, dass es aktiv an seiner eigenen Lebensgestaltung beteiligt ist.

Das Menschenbild unserer Zeit, das auf den Überzeugungen des Humanismus aufbaut, lässt sich im Wesentlichen auf zwei Thesen zurückführen:

• Der Glaube an das Gute in der menschlichen Natur.

• Der Glaube an die Machbarkeit der Persönlichkeit.

Hinter der ersten These steht die Grundannahme: Der Mensch ist von Natur aus gut, aber er wird durch die schlechte Gesellschaft, in der er leben muss, verdorben.

Die zweite These besagt: Die Persönlichkeit hängt weitgehend vom Einfluss der Umwelt ab. Jeder Mensch ist nahezu unbegrenzt formbar.

„Alle philosophischen Strömungen sind seit der Aufklärung davon überzeugt, dass der Mensch, hervorgebracht durch die Evolution und eben nicht durch Gott, von Natur aus gut und in sich veranlagt sei, das Gute zu wollen. Man stellt sich vor, dass er innerlich gleichsam zum Guten angetrieben werde."[11]

Heutige Vertreter der sogenannten Postmoderne haben für ihre Erziehungstheorien einen eigenen Begriff geprägt, nämlich die erziehungsfreie Beziehung, genannt „Amication".

„Das amicative Menschenbild besagt, dass jeder Mensch von Anfang an für sich selbst die Verantwortung tragen kann und dass auch jedes Kind für sich selbst verantwortlich ist."

Ausgehend von dem Paradigma der Gleichwertigkeit gibt es nicht mehr den Unterschied von einem vollwertigen Menschen (dem Erwachsenen) und einem noch nicht vollwertigen Menschen (dem Kind), sondern beide stehen auf einer gleichen Plattform, der Plattform des vollwertigen Menschen. Ein postmoderner Pädagoge kommt „ohne Formungsauftrag, ohne List und pädagogischer Mission" aus.[12] Dies sind Gedanken, die der anti-autoritären Erziehung sehr nahe liegen.

Das biblische Menschenbild

Welche Auffassung vom Menschen vertritt nun die Bibel? Wie beschreibt Gottes Wort die Beschaffenheit des Menschen? Was hat die Bibel zur Kindererziehung zu sagen?

Nachdem unser Sinn durch das Studium des Humanismus und seine Auswirkungen geschärft worden war, studierten wir eingehend die Bibel und kamen zu der für uns damals überraschenden Entdeckung: Die Bibel vertritt ein völlig anderes Menschenbild!

---

[11] Dr. Armin Mauerhofer, Pädagogik nach biblischen Grundsätzen, Band 1, Hänsler Verlag, Holzgerlingen, 2001, S. 115.
[12] Zusammengefasst nach www.amication.de

Die Bibel spricht nicht von einem „guten Kern" im Menschen, sondern beschreibt ihn als eine Persönlichkeit, die voller innerer Spannungen steht. Obwohl der Mensch einmal im Bilde Gottes als sein Gegenüber geschaffen wurde und jeder als einzigartige Persönlichkeit mit einem hohen Wert und Kreativität geboren wird (Psalm 139,13-14), lebt er doch seit dem Sündenfall im Machtbereich der Sünde und hat in sich einen Hang, Böses zu tun.

Psalm 51,7 beschreibt den Zustand des gefallenen Menschen sehr treffend: *„Siehe, ich bin in Schuld geboren, und meine Mutter hat mich in Sünden empfangen."*

Das hat nichts mit Vererbung zu tun, sondern beschreibt das existentielle Gefangensein des Menschen in Sünde und zwar von Anfang an. Ein Kind kommt nicht als unschuldiges Wesen zur Welt und wird erst dann aufgrund äußerer Einflüsse zum Sünder, nein, es ist es von Geburt an.

Paulus beschreibt die innere Zerrissenheit jedes Menschen, ob jung oder alt, im Römerbrief 7,18 folgendermaßen: *„Wir wissen genau: In uns selbst, so wie wir der Sünde ausgeliefert sind, lebt nicht die Kraft zum Guten. Wir bringen es zwar fertig, uns das Gute vorzunehmen; aber wir sind zu schwach, es auszuführen."*

Dieser Bibelvers könnte nett eingerahmt über jedem Kinderbettchen hängen. Unsere Kinder kennen die Familienregeln und im Grunde wollen sie sie auch einhalten, aber nein, sie schaffen es doch immer wieder nicht! In ihnen ist ein schmerzlicher Zwiespalt zwischen Zuneigung und Selbstsucht, genauso, wie es in diesem Bibeltext beschrieben ist.

Aber, Hand aufs Herz, der Vers könnte auch über manchem Ehebett hängen, stimmt's? Sie achten Ihren Ehepartner, wollen ihm auch etwas Gutes tun, und bringen es dann doch nicht fertig!

So ist es nun einmal mit uns Menschen! Paulus beschreibt, dass so: *„... dieser Widerspruch zwischen meiner richtigen Einsicht und meinem falschen Handeln beweist, dass ich ein Gefangener der Sünde bin."* Und er ruft verzweifelt aus: „*Ich unglückseliger Mensch! Wer wird mich aus dieser Gefangenschaft befreien? Gott sei Dank! Durch unseren Herrn Jesus Christus sind wir bereits befreit.*" (Römer 7,23-25)

Dieser Kampf zwischen Gut und Böse spielt sich in jedem Menschen, egal welchen Alters, ab und kann letztlich nur durch die Erlösung und Hilfe Jesu Christi siegreich bestanden werden. Deshalb ist es uns christlichen Eltern so wichtig, dies unseren Kindern vorzuleben und dafür zu beten, dass sie einmal ihr Leben Jesus anvertrauen.

Das Wissen um diese biblischen Zusammenhänge kann entspannen. Eltern müssen sich dadurch nicht immer selbst die Schuld geben, wenn sich ihre Kinder unmöglich benehmen, und plötzlich ist es einsichtig und klar, dass Regeln und Grenzen notwendig sind.

Selbst, wenn Eltern in der Erziehung ihrer Kinder immer alles richtig machen würden – was es natürlich nicht gibt -, kann ein Kind auch ohne Veranlassung ungezogen sein - einfach so, weil das menschliche Herz nun einmal böse ist.

Diese biblische Wahrheit ist für viele moderne Erziehungswissenschaftler eine Provokation, weil sie davon ausgehen, dass der Mensch von Natur aus gut oder zumindest „ein unbeschriebenes Blatt" sei und kindliches Verhalten lediglich das Ergebnis von Umwelteinflüssen darstellt. Die nichtchristlichen Philosophen und Ideologen aller Zeiten sind stets von einem zu optimistischen Menschenbild ausgegangen. Wir müssen uns nun einmal mit der Tatsache abfinden: Der Mensch ist weder gut noch machbar!

Ich müsste nicht bekennender Christ sein, um dieses realistische Menschenbild als das einzig wahre anzuerkennen. Die gesamte Weltgeschichte zeigt uns doch, dass der Mensch zwar immer wieder hochfliegende Ideen zu Einheit und zum Frieden untereinander entwickelt hat, diese aber kaum verwirklichen konnte. Dagegen beobachten wir täglich, dass dort, wo Menschen ohne Gesetz und Kontrolle leben, sie Schreckliches vollbringen.

Zur zweiten humanistischen These – dem Glauben an die Machbarkeit der Persönlichkeit – erwidert die Bibel ganz klar, dass der Mensch nicht beliebig formbar und somit lediglich ein Produkt der Umwelteinflüsse ist. Er ist vielmehr eine in sich aktive Persönlichkeit, mit der Fähigkeit, eigene Entscheidungen zu treffen. Er ist von Gott *„auf eine erstaunliche, ausgezeichnete Weise"* geschaffen (Psalm 139,14) und kann mit Gottes Hilfe auf seine Anlagen und auf Umweltbedingungen Einfluss nehmen.

Wissenschaftlich gesprochen: Jeder Mensch wird mit einem von Gott gegebenen einmaligen „genetischen Paket" geboren. Dr. Mauerhofer[13] erarbeitet treffend, dass der Mensch als Geschöpf Gottes im Bereich der Umwelteinflüsse nicht einem blinden Schicksal preisgegeben ist. Diese Einflüsse sind von Gott gelenkt beziehungsweise zugelassen und haben letztlich das Ziel, die eigene Persönlichkeit dem göttlichen Plan entsprechend zu formen.

Als eine selbständige Persönlichkeit kann der Mensch seinen Anlagen und den Umwelteinflüssen bewertend gegenüber stehen. Der Mensch, der durch den Glauben an Jesus zu einer persönlichen Gottesbeziehung gelangt ist, besitzt die Möglichkeit, seine Anlagen zu heiligen und alles, was aus der Umwelt auf ihn einstürmt, mit Gottes Hilfe zu verarbeiten.

Deshalb kommen seine inneren Anlagen zu der von Gott gewollten Entfaltung. Die Umwelteinflüsse fördern ihn in seiner Persönlichkeitsentfaltung. Gott hat den Menschen so gemacht, dass er trotz der Beeinflussung und Einschränkung durch Anlage und Umwelt für sein Verhalten verantwortlich bleibt.

Die Bibel betont darüber hinaus, dass der Mensch einen eigenen, freien Willen hat, sein Leben eigenverantwortlich gestaltet und sich

---

[13] Dr. Armin Mauerhofer, Pädagogik nach biblischen Grundsätzen, Band 2, Hänsler Verlag, Holzgerlingen, 2001, S. 50.

einmal vor Gott dafür verantworten muss (siehe Offenbarung 22,17; Römer 14,10-12; Hesekiel 18,20).

Das richtige Menschenbild

Das Menschenbild unserer Zeit (humanistisches Menschenbild)	Das realistische Menschenbild (biblisches Menschenbild)
Der Glaube an das Gute in der menschlichen Natur: „Der Mensch ist von Natur aus gut, aber er wird durch die schlechte Umwelt verdorben."	Der Mensch befindet sich in einem Zustand konstanter innerer Spannung: Obwohl im Bilde Gottes geschaffen, steht er doch im Machtbereich der Sünde. Psalm 51,7; Römer 7,18-25.
Der Glaube an die Machbarkeit der Persönlichkeit: „Der Mensch ist nahezu unbegrenzt formbar. Kindliches Verhalten ist das Ergebnis der Umwelteinflüsse."	Er ist ein aktives Wesen mit der Fähigkeit eigene Entscheidungen zu treffen für die er auch verantwortlich ist. Psalm 139,13-14; Römer 14, 10-12.

Zur Vertiefung:
Mühlan-Seminar auf CD oder als MP3: *Erziehung nach dem biblischen Menschenbild*, CD1317, www.muehlan-mediendienst.de.

Die biblischen Säulen der Kindererziehung

Der Schlüssel: Gott als Vater erkennen!

Jeden Morgen neu die sechs quirligen Kleinkinder um die Beine - von den Nächten ganz zu schweigen, obwohl sie bei der großen Zahl doch noch relativ ruhig verliefen. Aber was stellten die Kleinen nicht alles an, was wollten sie nicht alles wissen, was hingen sie nicht ständig an einem herum?!

Wenn Claudia und ich Zuflucht im Gebet suchten, fragten wir erschöpft: „Gott, wie können wir diesen kleinen vernachlässigten und verletzten Geschöpfen, die du uns anvertraut hast, nur die richtige Geborgenheit und Lenkung geben? Ihre Bedürfnisse sind ja wie ein Fass ohne Boden!"

Über das richtige Menschenbild und seine erzieherischen Folgen Bescheid zu wissen, ist ja wirklich wertvoll. Aber es ist doch mehr Theorie als Praxis ...

Worauf kommt es wirklich an in der Erziehung, und wie kann man diese Dinge umsetzen?

Uns war es so, als würde Gott versuchen in unsere Gedanken zu sprechen: „Hört mal, eigentlich ist es ganz einfach. Versteht doch, ich möchte den Menschen ein Vater sein. Meine Geschöpfe sind meine Kinder. So, wie ich mit euch, meinen Kindern umgehe, euch liebe, umsorge und erziehe, so sollt ihr lernen, mit euren Kindern umzugehen."

Das war für mich als frisch gebackener Erziehungswissenschaftler ein echtes geistliches „Aha-Erlebnis"! „Das ist die Antwort", sagte ich mir. „Gott hat sich der Menschheit als ein guter Vater offenbart. Ihm will ich nachahmen!"

Gottes Wesen, sein Charakter ist das beste Vorbild für christliche Elternschaft! Hat nicht Paulus schon geschrieben: *„ER ist der wahre Ursprung von allem, was als Vater bezeichnet werden kann in den Himmelswelten und auf Erden."* (Epheser 3, 14). Und fügt zwei Kapitel später noch hinzu: *„Werdet also Nachahmer Gottes, weil ihr ja seine geliebten Kinder seid!"* (5, 1)

Als Eltern sollen wir im Umgang mit unseren Kindern Gottes Väterlichkeit nachahmen. In Claudia und mir begann eine Sehnsucht zu brennen, Gott-Vater besser kennenzulernen – so, wie er wirklich ist!

Ergriffen von dieser Erkenntnis beteten wir Tag für Tag über lange Zeit: „Gott, lass uns dein Vaterherz besser erkennen und hilf uns, unsere Kinder mit deinen Augen zu sehen und ihnen so zu begegnen."

Damals gab es noch keine „Gottes-Vaterschaft-Konferenzen". Ehrlich, ich kann mich an keine Predigt erinnern, die Gottes Väterlichkeit zum Inhalt hatte. Das alles war für uns junge Eltern Neuland! Und wir ahnten, dass unser eigenes Gottesbild, so wie es durch Kindheit und Gemeinde geformt worden war, ganz schön verkorkst war und nicht der Wahrheit Gottes entsprach.

Claudia: Wir waren fasziniert von dem Gedanken, in Gottes Charakter das Vorbild für unsere Elternschaft zu suchen. Aber ich litt unter meinem Gottesbild und meiner Gottesbeziehung, die offensichtlich verkehrt waren und mich bedrückten.

Damals stieß ich auf diesen Bibelvers: „Denn ihr habt nicht einen Geist der Knechtschaft empfangen, dass ihr euch wiederum fürchten müsstet, sondern ihr

habt den Geist der Kindschaft empfangen, in dem wir rufen: Abba, Vater!"
(Römer 8, 15)

Oh, was sehnte ich mich danach, mich wie ein Kind Gott anzuvertrauen und „Abba, Papa" sagen zu können, doch es war mir unmöglich. Erschreckt stellte ich fest, dass der erste Teil des Verses genau auf mein Empfinden passte: Ich lebte unter einem „Geist der Knechtschaft" und hatte viel Angst und negative Gedanken.

Wo kam das her? Ich begann über meine Kindheit nachzudenken.

Aufgewachsen bin ich in einer wirklich feinen, christlichen Familie. Ja, wir hatten viel Spaß miteinander, aber meine Eltern waren auch vom alten Stil. Wenn meine zwei Brüder und ich ungezogen waren, dann gab es ordentlich eins hinten drauf. Davon war ich als Mädchen nicht ausgeschlossen. Und mein Vater erwartete Gehorsam ohne Widerworte.

In mir wuchs eine Hab-Acht-Haltung: Die Eltern wachen über dich, und wenn du etwas falsch machst, dann gibt es welche. Glücklicherweise wurde das durch die fröhliche Art meines Vaters etwas aufgefangen. Aber das kindliche Gottesbild wird immer auch von den Eltern mitbestimmt.

Denn größeren Einfluss auf die Ausformung meines Gottesbildes führe ich aber auf die „Sonntagschule" und Gottesdienste in unserer Gemeinde zurück. Besonders ein Kinderlied, das mit Leidenschaft gesungen wurde: „Pass auf kleines Auge, was du siehst. Denn der Vater in dem Himmel schaut herab auf dich! Pass auf kleines Auge, was du siehst." Dann ging es weiter mit: „Pass auf kleine Hand, was du tust…" und „Pass auf kleiner Fuß, vorhin du gehst."

Andere Kinder mögen es ganz anders empfunden haben, aber für mich war es so, als wenn da Gott als ein Aufpasser mit dem Fernglas auf mich herabschaut und mich bei jedem Fehler bestraft.

Die Predigten, die ich bei Evangelisationsveranstaltungen mit meinem kindlichen Gemüt mitbekam, waren auch nicht fördernd. Jedenfalls wusste ich über die Hölle besser Bescheid als über den Himmel.

Nun bin ich ohnehin ein mehr nachdenklicher, pessimistischer Typ. Da wirken solche Eindrücke anders als bei einem fröhlichen, optimistischen Menschen.

Ich erinnere mich, dass mein Vater mir als Teenager öfters sagte: „Claudia, sei nicht immer so ernst. Du musst nicht alles immer schwarzsehen."

Als ich dann mit Eberhard verheiratet war, hatte er als fröhlicher, optimistischer Typ immer wieder Anlass mich aufzumuntern. Ich sah zu schnell das Negative, hatte unbegründete Ängste bis hin zu Ansätzen von Depressionen. Das meine ich mit dem „Geist der Knechtschaft", der einem Angst macht.

So sah mein Gottesbild als junge Mutter aus. Und dann machte ich so meine Erfahrungen. Zum Beispiel tat es mir richtig weh, wenn ich einmal zu einem der Kinder streng sein musste. Ich litt förmlich mit. „Ist es so auch mit dir, Vater im Himmel, wenn du mit mir streng sein musst? Hast du etwa keine Freude am Kontrollieren und Strafen?"

Mein kindliches Gottesbild geriet ins Wanken, und so begann ich ganz gezielt in der Bibel über Gottes Charakter und seine Vaterschaft zu forschen. Ich bin ja ein sachlicher Typ, und erst muss eine Wahrheit bei mim Kopf sitzen, damit es dann ins Herz rutschen kann.

Ich begann mit den Evangelien, denn Jesus sagt ja: „Wer mich sieht, der sieht den Vater!" Ich konnte mich so richtig mit der Bitte des Philippus eins machen: „Herr zeige uns den Vater, dann sind wir zufrieden!" (Johannes 14,8)

Als Jesus auf der Erde war, hatte er sich so sehr bemüht, uns Gott als guten Vater vertraut zu machen. Mehr als einhundert Mal(!) lesen wir im Johannesevangelium, wie Jesus ganz persönlich von „seinem" Vater spricht, zum Beispiel: „Der Sohn kann von sich selbst nichts tun, außer was er den Vater tun sieht; denn was der tut, das tut ebenso der Sohn. Denn der Vater hat den Sohn lieb und zeigt ihm alles, was er selbst tut ..." (Johannes 5,19).

Das tröstete mich ungemein und brachte mich innerlich zur Ruhe. Ich begann Gott als einen Vater zu empfinden, der es gut mit mir meint.

Als nächstes las ich die Briefe des Apostels Paulus. Ich stellte fest, dass Paulus in seinen Briefen, genauso wie Jesus es tat, immer wieder auf Gott, unseren Vater hinweist. Er sprach genauso von „Abba, Papa".

Ich sog seine Aussage zu Gottes Charakter geradezu in mir auf. Da lesen wir von einem „Vater der Erbarmungen und Gott allen Trostes" (2.Korinther 1, 3), einem „Gott des Ausharrens und der Ermunterung" (Römer 15, 5) „Gott der Hoffnung" (Römer 15, 13), „Gott der Barmherzigkeit" (1.Petrus 1, 3), „Gott des Friedens"(Römer 15, 33), „Gott, der reich ist an Erbarmen" (Epheser 2, 4).

Immer noch spukten in mir Bibelworte herum, die ich in meiner Kindheit bei Evangelisation aufgeschnappt hatte wie: „Es ist schrecklich in die Hände des lebendigen Gottes zu fallen." (Hebräer 10, 31) und schaute sie mir endlich einmal im Kontext an. Dabei stellte ich befreiend fest, dass sie nicht mir als einem Gotteskind galten, sondern denen, die Gott lästern und verachten. Und zu denen gehörte ich ja wahrhaftig nicht.

Ja, in der Bibel wird von Gottes Strenge gesprochen, aber noch viel mehr von seiner Güte: „Du hast hier also beides vor Augen, Gottes Güte und Gottes Strenge: seine Strenge denen gegenüber, die sich von ihm abgewendet haben, und seine Güte dir gegenüber – vorausgesetzt, du hörst nicht auf, dich auf seine Güte zu verlassen." (Römer 11, 22)

Besonders angesprochen hat mich ein weiterer Ausspruch des Paulus: „Oder betrachtest du seine große Güte, Nachsicht und Geduld als selbstverständlich? Begreifst du nicht, dass Gottes Güte dich zur Umkehr bringen will?" (Römer 2, 4)

Ist es wirklich so, dass Gott uns zuerst durch seine Güte, Nachsicht und Geduld erziehen oder auf den richtigen Weg führen will? Und selbst seine Strenge das Ziel hat, mich zu ihm zu ziehen und mir zu helfen? So einen liebenden Vater Gott mochte ich, dem wollte ich mich gern anvertrauen.

So wandelte sich mein strenges, kindliches Gottesbild, und nun gehöre ich zu denen, die wie Paulus von dem „Geist der Kindschaft" schwärmen können und für die Gott ein Papa geworden ist. Für mich ist es, als wenn ich aus einem Gefängnis befreit worden wäre. Manchmal sage ich: „Jetzt ist mir, als hätte ich Flügel!"

Ich hätte niemals gedacht, dass das Gottesbild eines Menschen einen so entscheidenden Einfluss auf das persönliche Weltbild und Selbstbewusstsein hat. Selbst der Erziehungsstil wird davon geprägt.

Ich bin mit den Jahren viel ausgeglichener, besonnener, gerechter und gütiger geworden als ich es in den ersten Familienjahren war.

Ich, Eberhard, bin im Vergleich zu Claudia ein eher emotionaler Mensch. Ich muss Gott erfahren.

Ich erinnere mich an einen Urlaub mit unseren Kindern in Schweden. An einem einsamen See hatten wir unser Lager mit Wohnwagen und Zelten aufgebaut. Jeden Vormittag hatte einer von uns beiden das Privileg, etwas Zeit allein zu verbringen, während der andere sich um die Kinder kümmerte.

Also schlenderte ich eines Morgens am Strand entlang und bemühte mich, irgendwie mit Gott ins Gespräch zu kommen. Ich war etwas enttäuscht, denn meine ersten „Versuche", Gott als meinen Vater besser kennen zu lernen, schienen nicht von großem Erfolg gekrönt zu sein. Dann hatte ich ein Schlüsselerlebnis in Form eines gedanklichen Dialogs:

„Eberhard, du bist mein Kind", hörte ich Gott zu mir sagen.

„Ja", erwiderte ich, „das weiß ich." (Beinahe hätte ich gesagt: Das ist doch nichts Neues.)

„Eberhard, du bist ein Sohn." Bei dieser Bezeichnung wurde mir etwas mulmiger, und den folgenden Satz wollte ich erst recht nicht zulassen, denn ich dachte, er stünde nur Jesus zu.

„Eberhard, du bist mein geliebter Sohn!"

Ich ließ diesen Zuspruch aber dennoch auf mich wirken und spürte, wie der „Geist der Sohnschaft" in mir aufbrach und ich von Herzen empfinden und aussprechen konnte: „Abba, lieber Vater!"

Mit tränenblinden Augen stolperte ich überglücklich den Strand zurück und erzählte Claudia begeistert, welche tolle Vatererfahrung ich gemacht hatte.

Ein ähnliches Erlebnis wünsche ich Ihnen, damit Sie den „wahren" Vater besser kennen lernen können.

Letztlich sehnt sich jeder Mensch nach dem väterlichen Zuspruch *„du bist mein geliebter Sohn/meine geliebte Tochter. An dir habe ich Freude"* (Lukas 3, 22), wie ihn Jesus von seinem Vater zu Beginn seines Dienstes bekommen hat. Auch Sie brauchen diesen Zuspruch für Ihre Aufgabe als Mutter oder Vater!

Wir haben schon gesagt, dass das eigene Gottesbild stark von den Erfahrungen mit den eigenen Eltern und anderen Autoritätspersonen geprägt wird – und die sind nicht immer positiv. Vielen Menschen fällt es schwer, Gott „Vater" zu nennen. Sie sagen „Herr" oder „Gott", und sie beten zu Jesus, doch die Anrede „Vater" oder gar „Papa" kommt ihnen nur schwer über die Lippen. Hinter dieser Art des Zugangs zu Gott verbirgt sich die tief sitzende Angst: „Wenn Gott wie ein Vater ist, ist er dann etwa so, wie meiner war? So einen will ich nicht wieder!"

Wer einen launischen, unbeherrschten oder schwachen und häufig abwesenden Vater (oder so eine Mutter) erlebt hat und dadurch verletzt worden ist, wird sich Gott kaum als gütigen und gerechten Vater vorstellen können, der stets erreichbar ist, sondern eher als einen unnahbar fernen, einen, der keine Zeit und kein Interesse an den Belangen seiner Kinder hat. Negative Prägungen können einen Menschen das ganze Leben lang hartnäckig verfolgen und davon abhalten, Gott – seinen Vater – wirklich kennen zu lernen.

Wir wünschen Ihnen, dass auch Sie Gott als einen liebevollen Vater erfahren können. Vielleicht auf eine mehr sachliche Art mit einem gründlichen Bibelstudium wie Claudia oder mehr emotional durch ein Gebetserlebnis wie bei mir.

Die wichtigste Quelle unserer Persönlichkeitsveränderung und auch unseres Durchhaltevermögens führen Claudia und ich auf unsere stets wachsende Beziehung zu Gott, unserem Vater zurück. Es liegt auf der Hand: Je intensiver man selbst von der Liebe und Nähe Gottes ergriffen ist, umso stärker kann man diese Liebe an seine Kinder weitergeben. Je besser man das Wort Gottes kennt, eigene Werte und Lebensziele aus ihm ableitet und verinnerlicht, umso klarer kann man seine Kinder unterweisen und ihnen tragende Werte mitgeben. Wenn man selbst aufrichtig lebt und bereit ist, sich in die Erziehung von Gott-Vater zu begeben, lernt man dabei, Gottes Art von Vater- beziehungsweise Mutterschaft selber mit seinen Kindern zu leben. Mit Gott-Vater zu leben, ist tatsächlich das beste Mentor-Prinzip für gute Elternschaft.

Exkurs: Und was ist mit Mutter-Gott

Auch wenn wir in diesem Kapitel die Vaterschaft Gottes stark in den Vordergrund stellen, ist doch theologisch klar, dass Gott in seinem Wesen nicht männlich ist, denn er ist weder Mann noch Frau (das sind begrenzte Kategorien), sondern er ist ein ewiges, unbegrenztes Urbild des Menschen, und zwar der Frau ebenso wie des Mannes. Gott schuf den Menschen „als Mann und Frau" (1. Mose 1,27) nach seinem Bild, das heißt, dass der für uns unsichtbare Gott in Frau und Mann einen Ausdruck von sich geschaffen hat.

Wenn wir Gott Vater nennen dürfen, ist er uns doch ebenso Mutter: „... Auf den Armen werdet ihr getragen und auf den Knien geliebkost werden. Wie einen, den seine Mutter tröstet, so will ich euch trösten." (Jesaja 66,12-13; siehe auch Jesaja 49,15; Psalm 131,2). In den zentralen Offenbarungstexten wird also das Mütterliche an Gott nicht unterdrückt; es gehört in einer freilich verborgenen Weise zu dem vollkommenen Gottesbild hinzu.

Doch Tatsache ist: Die Vaterschaft Gottes wird in der Bibel wesentlich stärker betont als seine Mutterschaft! Daraus könnte man schließen, dass es lediglich die Widerspiegelung einer patriarchalischen Kultur sei oder aber, dass der erhabene, unsichtbare Gott von seinen Geschöpfen tatsächlich als ein guter, gerechter Vater verstanden werden möchte – quasi als heilende Antwort auf die Folgen einer „vaterlosen Gesellschaft". Was nicht heißt, dass die Verletzungen, die durch eine unzulängliche oder abwesende Mutter angerichtet wurden, nicht genauso von Gott geheilt werden können.

Zur Vertiefung:
Mühlan-Seminar auf CD oder als MP3: *Gott erkennen, wie er wirklich ist*, CD1317
www.muehlan-mediendienst.de

Der beste Mentor für christliche Elternschaft

Uns wurde klar, Gott ist der beste Mentor für eine gelingende Elternschaft. Je besser wir ihn als Vater kennen, von seiner Liebe erfasst sind, uns seiner Führung und Korrektur öffnen, umso umsichtiger können wir dann auch mit unseren Kindern umgehen.

Damit sind auch schon die drei grundlegenden Umgangsformen Gottes mit uns Menschen genannt, die wir direkt für den Umgang mit unseren eigenen Kindern übernehmen dürfen:

- Gottes bedingungslose Liebe,

- seine Unterweisung

- und auch seine Konsequenz.

Gottes Liebe

In der Bibel lesen Sie, dass Gott die vollkommene Liebe ist: *„Gott ist Liebe. Hierin ist die Liebe Gottes zu uns geoffenbart worden, dass Gott seinen eingeborenen Sohn in die Welt gesandt hat, damit wir durch ihn leben möchten"* (1. Johannes 4,8-9).

Gott will Sie als sein Kind annehmen und Ihnen tiefe Geborgenheit schenken. Mit seiner Liebe erfüllt zu sein, vermittelt Ihnen in herausfordernden Situationen Zuversicht und Standhaftigkeit, *„denn die Liebe Gottes ist ausgegossen in unsere Herzen durch den Heiligen Geist, welcher uns gegeben worden ist"* (Römer 5,5).

Alle Eltern kommen an die Grenzen ihrer Liebesfähigkeit. Sich dann bewusst zu machen, dass Gottes Liebe durch den Heiligen Geist „ausgeschüttet" wird in meine Persönlichkeit, kann beflügeln: Ich bin nicht mehr allein auf meine Ressourcen angewiesen, sondern kann, erfüllt mit Gottes Liebe, zu einem Katalysator der Liebe Gottes für meine Kinder werden!

Und Kinder brauchen eine Menge Liebe, Halt und Geborgenheit. Das haben wir insbesondere gespürt, als wir die ersten sechs Kleinen so plötzlich um uns hatten.

Die eigene Familie zu einer Oase emotionaler Geborgenheit zu gestalten, zu der die Kinder gerne nach Hause kommen, und einen Abglanz von Gottes bedingungsloser Liebe hineinzugeben, gehört mit zu dem Schönsten, was man Kindern überhaupt mitgeben kann. Das ist jedoch gleichzeitig das Schwerste in der heutigen, von Stress und Egoismus gezeichneten Gesellschaft. Zeit, Zuwendung und zündende Ideen sind die Schlüsselworte! Deshalb sind wir in unseren Veröffentlichungen nicht müde geworden, gerade dazu immer wieder Anregungen zu geben.

Gottes Unterweisung

Ein weiterer Wesenszug Gottes ist der, Sie zu unterweisen, Sie auf Ihrem Lebensweg zu leiten und zu beraten.

Psalm 32 gibt Ihnen einen guten Einblick in die väterliche Erziehungsstrategie Gottes: *„Ich will dich unterweisen und dir den Weg zeigen, den du wandeln sollst; ich will dich beraten, mein Auge auf dich richtend"* (Vers 8).

Gott sichert Ihnen seine Nähe, Liebe und Zuwendung zu. Sie sind niemals allein, seine Vateraugen sind immer schützend auf Sie gerichtet. Er will Sie bei Ihren Entscheidungen beraten, und Sie dürfen sich seiner Liebe und Zuwendung in jeder Situation sicher sein.

Jesus bezeugt im Johannesevangelium mit einzigartigen Worten, wie er als Mensch auf der Erde mit seinem himmlischen Vater eins ist: *„Der Sohn achtet ganz genau auf das, was der Vater tut. Denn Gott, der Vater, hat seinem Sohn seine ungeteilte Liebe geschenkt. Er zeigt ihm alles, was er selbst tut."* (Johannes 5, 19-20)

Auf die gleich Weise sollen wir Eltern unseren Kindern Nähe, Aufmerksamkeit und Unterweisung widmen. Gott hat für jedes

Kind einen guten Lebensweg, in den hinein Eltern es begleiten sollen. Eltern können sich einen ermutigenden Augenkontakt zu ihren Kindern einüben, Vorbild sein und viele Dinge mit ihnen gemeinsam machen, um sie an Eigenständigkeit und Eigenverantwortung heranzuführen.

Gottes Konsequenz

Da unser himmlischer Vater aber auch weiß, dass wir uns manchmal so störrisch wie die Esel benehmen, lautet der folgende Vers: *„Seid nicht wie Rosse und Maultiere, ohne Verstand, welchen man Zaum und Gebiss anlegen muss, da sie sonst nicht zu dir nahen"* (Psalm 32,9).

Weil Gott uns liebt und weiß, was gut für unser Leben ist, legt er uns auch „Zaum und Zügel" an, das heißt, dass er konsequent und lenkend eingreift, um uns auf den rechten Weg zurückzubringen.

In gleicher Weise müssen Eltern lernen, in rechter Weise „Zaum und Zügel" anzulegen, das heißt doch, mit liebevoller Autorität Grenzen zu setzen und nicht einfach drauf los zu brüllen oder gar zu schlagen.

Gottes oberstes Prinzip ist, uns durch *„Güte, Nachsicht und Geduld zur Umkehr zu bringen": (siehe Römer 2, 4)* Danach erst kommt Strenge, und selbst sie hat das Ziel, uns zu ihm zu ziehen und uns zu helfen.

Das ist eine Kunst, die viele Eltern erst noch entdecken und erlernen müssen. Auch hier gilt: Je enger ich mit Gott-Vater lebe, von seiner Liebe durchdrungen bin und mich seiner Unterweisung und „Zucht" unterstelle, umso umsichtiger, beherrschter und gerechter kann ich mit meinen Kindern umgehen.

Wie das dann ganz praktisch im Familienalltag umgesetzt werden kann, dazu finden Sie viele Anregungen in unseren Veröffentlichungen.

Das „Familienhaus"

Ich brüte wieder einmal in meiner Arbeitsecke im Wohnzimmer über einigen dicken Psychologiewälzern, um mich auf eine Prüfung vorzubereiten. Nur unser Kleinster quakt und lallt im Babybettchen an der gegenüberliegenden Wand, denn vor den fünf anderen hat mich Claudia abgeschirmt. Während ich ihn beobachte, gehen mir die drei grundlegenden Umgangsformen unseres himmlischen Vaters durch den Kopf, die die Grundlage für den Umgang mit unseren Kindern darstellen.

Das biblische Konzept ist schon genial, sage ich mir und mache ein paar Bleistiftstriche auf meinem Schmierpapier. Plötzlich habe ich ein Haus gezeichnet mit einem Fundament, einem Wohnbereich und einem Dach.

Ins Fundament kritzele ich die Worte „Ein starkes Fundament durch gute Beziehungen", in den Wohnbereich „ Selbständigkeit und Verantwortung lernen" und ins Dachgeschoss „Begleitung mit liebevoller Autorität".

„Allerhand", staune ich „so ein Familienhaus zeigt doch deutlich, wie man die Prioritäten setzen muss."

Wenn jemand ein Haus baut, fängt er dann mit dem Dach an? Wenn ja, dann muss das ja schief gehen! Immer nur Druck, harte Worte und Disziplin, zudem wenig Gespräche, Geborgenheit und Liebe - bei einem solchen Zusammenleben drückt das Dach schwer und verletzt die Seele eines Kindes.

Genauso falsch ist es, wenn man sich nicht genug Zeit nimmt, um den richtigen Grundstein zu legen. Wer lieblos und hektisch ein wackeliges Fundament setzt, autoritär die Familienregeln in die Runde brüllt und darauf auch noch ein Dach der Überwachung knallt, braucht sich nicht zu wundern, wenn die Wände Risse bekommen und später alles in sich zusammenstürzt.

So aber ist es richtig: Verwenden Sie viel Zeit, Liebe und Einfalls-reichtum für den Bau des Familienfundamentes! Nur so können gute Beziehungen geschaffen werden und erhalten bleiben.

Je tiefer das Fundament gegründet ist, je stärker sich die Kinder angenommen und geborgen fühlen, desto williger werden sie auf ihre Eltern hören und die Familienregeln akzeptieren. Und so ist es auch verständlich, dass sich Selbständigkeit und Verantwortung am wirkungsvollsten in einer gesunden Familie lernen lassen!

Werden diese zwei Regeln befolgt, dann stimmt die Statik, und das Dach der Begleitung mit liebevoller Autorität wird nicht schwer auf den Kindern lasten, sondern zu einer gesunden Persönlichkeits-entwicklung beitragen. Da sich die Kinder geliebt fühlen und wissen, welches Verhalten angemessen ist, wird zudem ein Grenzen setzen gar nicht häufig vorkommen müssen.

Können Sie nachvollziehen, wie sehr uns dieses schlichte Modell eines Familienhauses begeistert? Mit einem Blick hat man vor Au-gen, worauf es in der Kindererziehung wirklich ankommt und wie die Prioritäten gesetzt werden müssen! Mit diesem Konzept haben wir mehr als dreißig Erziehungsjahre gelebt. Es hat uns geholfen, zielgerichtet, aber auch entspannt mit unseren Kindern zusammen-zuleben – gerade auch in Situationen, die nicht leicht zu bewältigen waren.

Das „Familienhaus"

Begleitung
mit
liebevoller Autorität

Selbständigkeit
und Verantwortung
lernen

Ein starkes Fundament
durch
gute Beziehungen

Zur Vertiefung:
Mühlan-Seminar auf CD oder MP3: *Kinder stark machen* – wie Kinder mit starker Persönlichkeit heranwachsen. Album 2300
(3 Vorträge mit Seminarunterlagen).
Mühlan, Das große Familien-Handbuch. Erziehungstipps für alle Entwicklungsphasen Ihres Kindes, Gerth Medien.
www.muehlan-mediendienst.de

Exkurs: Der Familiendienst Team.F wird „geboren"

Claudia und ich nennen die Zeit zwischen 1971 und 1981 die „zehn stillen Jahre", einfach weil wir uns in diesen Jahren stark auf die Entwicklung und das Aufwachsen der angenommenen und leiblichen Kinder konzentrierten.

Wir hatten erkannt, dass Gottes Charakter das beste Vorbild für christliche Elternschaft darstellt und übten anhand des von uns entdeckten „Familienhauses" wie man mit so einer großen Kinderzahl Familienatmosphäre schafft, sie zur Eigenständigkeit anleitet und mit liebevoller Autorität Grenzen setzt.

Die ersten Familienjahre gestalteten wir ohne eine Haushaltshilfe, einfach, weil wir uns sagten: „Zunächst einmal sollen die entwurzelten kleinen Geschöpfe lediglich zwei beständige Bezugspersonen haben. Hilfe holten wir uns erst 1980 ins Haus, und dann auch nur für den Haushalt.

Claudia stieg verständlicherweise nicht wieder in ihren Beruf ein, sondern konzentrierte sich ganz auf Kinder und Haushalt. Ich ging nach meiner Referendariatszeit nur noch halbtags zur Schule, um Claudia besser beistehen zu können. Insgesamt war ich sechs Jahre im Schuldienst als Englisch- und Religionslehrer, dann ging ich als Studienleiter zur Bibelschule „Glaubenszentrum", gleich im Nachbarort Wolfenbüttel (heute in Bad Gandersheim), und einige Jahre später nahm ich einen Dienst als Schulungsleiter bei den „Christen im Beruf" an.

1982 hatten wir beide den Eindruck, dass die „stillen Jahre" ausliefen und jetzt die Zeit reif wäre, das erste Buch zum Familienleben zu schreiben: „Menschenskinder – Kindererziehung aus biblischer Sicht". Es wurde ein Knüller, war es doch zu der Zeit wohl auch das einzige deutsche christliche Buch zur Erziehung. Neu war der Ansatz des biblischen Menschenbildes und das Vorbild von Gottes Väterlichkeit für die Erziehung. Das faszinierte viele. Wir bekamen zunehmend Einladungen zu Familienseminaren in Kirchengemeinden, Kindergärten und Schulen.

Zeitgleich kam ein pensionierter neuseeländischer Pfarrer zu „Jugend mit einer Mission" (J.m.e.M.)nach Hurlach/Bayern und begann einen Familiendienst aufzubauen. Dieser „Papa Don", wie wir ihn bald liebevoll nannten, hörte von uns und unserer Buchveröffentlichung, wir kamen in Kontakt und begannen schnell miteinander Familienwochen zu gestalten. Bei einer dieser Familienwochen lernten wir Dirk und Christa Lüling kennen, ebenfalls ein Lehrerehepaar, mit denen uns eine lebenslange Freundschaft verbindet.

Unter der Obhut von „Papa Don" begannen wir gemeinsam mit Lülings im Rahmen von „Jugend mit einer Mission" einen deutschlandweiten Familiendienst. Für uns Anfänger war es ein Schock, als unser Idol Don 1984 nach Hawai übersiedelte und 1985 sehr plötzlich verstarb. Wir kamen uns vor wie Waisen, und der gerade geborene Familiendienst drohte zu sterben.

Da ergriff Dirk die Initiative und rief 1985 alle an Familien Interessierte in Altensteig zusammen. Das Ergebnis war der „Arbeitskreis Familie in Verbindung mit Jugend mit einer Mission". Von J.m.e.M. übernahmen wir das Logo und den Namen „Neues Leben – Neue Familien". In jedem Folgejahr breitete sich der Dienst stärker aus.

**NEUES LEBEN
NEUE FAMILIEN**

Der Familiendienst entwickelte eine eigene Dynamik, nicht zuletzt durch unsere Bücher, und schließlich entschieden Lülings, Claudia und ich, 1987 einen eigenen Verein mit Sitz in Lüdenscheid zu gründen. Ich stellte meine Kraft hauptamtlich zur Verfügung, und die Folgejahre lebten wir mit der großen Familie „im Glauben", unterstützt von einem Freundeskreis. Dirk arbeitete weiter als Lehrer in Teilzeit.

Lülings und
Mühlans in der
Gründerzeit

In den nächsten zwei Jahrzehnten entwickelt sich der Verein gewaltig. Ständig kommen neue Mitarbeiter und Seminarthemen hinzu sowie ein internationaler Arbeitszweig. 2000 wird ein neuer Name mit einem neuen Logo eingeführt, um mit der Zeit mitzuhalten. 2006 gründen Claudia und ich für den Verein die „Team.F-Akademie", die eine berufsbegleitende Ausbildung zum „Christlichen Ehe- und Familienberater" anbietet.

2009 geben Lülings und wir die Gesamtleitung des Vereins in die Hände der jüngeren Generation: Ein großes Werk mit circa 35 angestellten Mitarbeitern und einem Heer von 800 hingegebenen ehrenamtlichen Mitarbeitern.

Weitere Informationen zum Verein und der Akademie:
www.team-f.de / www.team-f-akademie.de.

So habe ich meine Familie erlebt

Vor einigen Jahren baten wir unsere inzwischen erwachsenen Kinder aufrichtig und ungeschminkt von ihren Kindheitserinnerungen zu berichten – ob nun positiv oder negativ. Natürlich hatten wir das in den letzten Jahren immer mal wieder gemacht, und dabei kamen auch schmerzliche Erfahrungen zur Sprache. Zu diesen drei Fragen erbaten wir eine Stellungnahme:

- Wenn du an unsere Familie denkst, was war/ist typisch für uns? Woran erinnerst du dich gern?

- Wo hast du einen Mangel verspürt? Was ist dir negativ in Erinnerung geblieben?

- Welche Werte/Lebenseinstellungen hast du mitgenommen?

Familienrunde 1981

Was ist typisch für deine Familie?
Woran erinnerst du dich gern?

Zu dieser Frage kamen viele übereinstimmende Statements. Zum Beispiel erwähnten alle den guten Familienzusammenhalt und vor allem die vielen Gespräche bei den Mahlzeiten.

„Dabei war es immer laut und lustig, aber auch ernsthaft", lautet ein Zitat. *„Wir saßen als Geschwister oder mit den Eltern häufig spontan zusammen. Treffpunkt war oft die breite Treppe im Flur. Dabei wurde viel geblödelt, aber ich fand es als jüngeres Kind toll, auch bei den ernsthaften Gesprächen über Glauben, Freundschaften oder Lebensplänen dabei zu sein. Ich fühlte mich sehr ernst genommen."*

Zwei Schwiegertöchter beanstandeten zwar die lauten und hektischen Mahlzeiten. *„Bei Mühlans geht alles schnell: Das Essen, Reden und Arbeiten!"* Sie bewunderten jedoch ebenso den Zusammenhalt zwischen den Geschwistern.

Uns Eltern erstaunte, dass von allen befragten Kindern die wöchentliche Garten- und Arbeitszeit lobend erwähnt wurde. Zumindest im Rückblick! Wir können uns aber auch an so manche Meckerei und Unlust von damals erinnern. Der krönende Abschluss eines solchen Tages war in der Regel ein gemütliches Essen am Abend mit Erzählen, Spaß und Spielen.

Einige Zitate dazu:

„Es machte einfach Spaß, mit Papa zum Baumarkt zu fahren, einzukaufen und danach zusammen zu arbeiten. Papa hatte viel Geduld und traute uns was zu. Manches hätte er alleine sicherlich schneller geschafft. Bei all dem habe ich ein gutes Händchen fürs Handwerkliche bekommen und vor allem Teamarbeit gelernt."

„Papa und ich waren ständig im Wettbewerb, wie man etwas noch effektiver und schneller machen kann."

„Toll war, dass Mama zwischendurch mit einem Eis oder Kuchen auftauchte."

„Am Ätzendsten war das Unkrautrupfen und Möhrenverziehen, bloß gut, dass es bald wieder etwas anderes zu tun gab."

„Mein heutiges zügiges Arbeitsverhalten habe ich von zu Hause mitgenommen. Ich bin gründlich aber nicht pingelig und verstehe es, eine Sache bis zum Ende durchzuziehen."

Als typisch für Mühlans blieben auch die Familienandachten in Erinnerung. Da erinnern sich unsere Kinder an Details, die wir schon längst vergessen haben. In den ersten Jahren setzten wir uns immer nach dem Abendbrot zusammen, um zu singen und zu beten. Die Kleinen spielten dabei Bongo, schlugen Klanghölzer aneinander oder klapperten mit Löffeln. Beten konnte, wer wollte.

Als die meisten dann zur Schule gingen, hielten wir eine kurze Andacht vor dem Frühstück, die oftmals von demjenigen gestaltet wurde, der an dem Tag gerade Küchendienst hatte. In den Urlauben lernten wir zusammen Bibelverse auswendig. Hinterher bekam jeder eine Belohnung.

„Ich weiß heute noch die Bibelverse, die wir vor zwanzig Jahren auswendig gelernt haben, zum Beispiel die ,Frucht des Geistes' aus Galater 5,22 oder ,So sehr hat Gott die Welt geliebt ...' und ,Ich bin der Weg, die Wahrheit und das Leben ...'"

„Mir steht noch vor Augen, wie wir im Urlaub im Bayrischen Wald um den Ecktisch saßen und miteinander die Verse aus den Sprüchen aufsagten: ,Sechs Dinge sind es, die dem Herrn verhasst sind, und sieben sind seiner Seele ein Gräuel ...' Ich habe ganz schön lange gebraucht bis ich die sieben Punkte im Kopf hatte. Besonders der letzte hat mich beeindruckt: ,... und wer freien Lauf lässt dem Zank zwischen Brüdern.' Papa hat den Begriff ,Brüder' natürlich auf ,Geschwister' übertragen."

In den letzten Jahren verlagerten sich unsere Andachten dann vor allem auf die Familienurlaube. Es wurden regelrechte Bibelarbeiten daraus. Schon Monate vorher wurde beraten, welches Thema wir durcharbeiten wollten – den Galater- oder einen Korintherbrief, vielleicht den Heilsplan Gottes oder die Endzeit – und dann saßen wir oftmals stundenlang zusammen und diskutierten über die biblischen Themen.

„Die Bibelarbeiten im Urlaub waren einfach Klasse. Ich habe dadurch einen immer größeren Wissensdurst bekommen, und es hat mich motiviert, selbst die Bibel zu studieren."

„In den Teenie-Jahren hat es mir sehr geholfen, mit meinen Eltern über die Themen vom Religionsunterricht diskutieren zu können."

„In meiner Erinnerung war Jesus einfach den ganzen Tag dabei. Wir unterhielten uns viel über Glaubensdinge und beteten oft spontan, wenn es ein Anliegen gab."

„Ich kann mich immer noch an einige konkrete Gebetserhörungen erinnern und werde sie auch nie vergessen. Zum Beispiel das Geld für den Flug nach Israel, oder als wir nach langem Beten die Weide für die Ponys bekamen, oder wie wir ein neues Auto geschenkt bekamen, oder wie einer von uns ganz schnell gesund wurde."

Unsere Familienunternehmungen und die Urlaube blieben als etwas ganz besonders Schönes in den Erinnerungen der Kinder hängen. Da Eberhard an den Wochenenden sehr häufig zu Seminaren fort war, wurde der Mittwochnachmittag zum „Sonntag" erklärt. Dann ging's ins Wellenbad oder in den Märchenwald, es wurde eine Wanderung oder eine Radtour gemacht, ein Freizeit- oder Tierpark durchkämmt, gebastelt oder gespielt.

Unsere Urlaube verliefen in den ersten Jahren aus Geldknappheit sehr einfach. Mit einem alten Wohnwagen und mehreren Zelten suchten wir uns eine einsame Stelle an irgendeinem See in Schweden oder Norwegen (damals war dies noch leichter möglich als heute) und führten ein uriges Trapperleben: Pilze und Beerensuche, Boot fahren und Angeln, Lagerfeuer und erzählen, erzählen, erzählen ...

Für uns Eltern bedeutete das zwar auch Arbeit mit Essenkochen, Wäschewaschen und allem Drum und Dran und trotzdem kann keiner diese Zeiten vergessen. Sie gehören mit zu dem Wertvollsten im Familienzusammenhalt. Bei all der Hektik des Alltagslebens und den vielen Ansprüchen, die zu Hause von außen an uns gestellt wurden, waren diese Urlaube die Beziehungsoasen, von denen dann monatelang gezehrt wurde.

Weitere Erinnerungen, die genannt wurden:

„Wir hatten keinen Fernsehapparat. Ich habe ihn auch nie vermisst oder mich deswegen meinen Freunden gegenüber minderwertig gefühlt. Als sehr gut empfand ich, dass wir stattdessen ein Heimkino mit tollen Videos hatten. Außerdem haben sich meine Eltern bemüht, diesen Verlust durch unsere gemeinsamen Familienaktivitäten, unser Schwimmbecken und unsere Tiere auszugleichen. Meine Klassenkameraden haben unser Familienleben immer bewundert.“

Mit dem Pony Bruno im Garten 1980

„Ich hab darauf gewartet, mit dem dreizehnten Geburtstag endlich ein Teenager zu werden. Denn ab dann sind meine Eltern mit dem Geburtstagskind immer ganz allein in ein Restaurant seiner Wahl gegangen."

„Meine Eltern hatten häufig interessante Leute zu Besuch: Missionare und Bibellehrer. Es war toll ihre Geschichten zu hören und einfach dabei zu sein."

„Meinen Eltern war jedes Kind wichtig. Ich habe mich gefühlt, als wäre ich etwas Besonderes. Sie haben unsere jeweiligen Begabungen herausgekitzelt, ob es nun Malen, Singen, Gitarre Spielen oder Ballett war."

„Wir sind viel eingeladen worden. Offensichtlich konnte man uns fast überall hin mitnehmen."

„Feste waren immer etwas Besonderes. Jeder Geburtstag war toll und mit Überraschungen gespickt. Obwohl Papa sagte, dass Weihnachten für ihn das grässlichste Fest sei, feierten wir immer eine tolle ‚Jesus-Geburtstags-Party'. Einmal sogar mit ‚Luftballon zertreten' und ‚Reise nach Bethlehem'".

„Meine Eltern haben mir das Herz für Bedürftige geöffnet. Bei der Taschengeldauszahlung stand immer eine Dose für unser Patenkind in Indien in der Nähe, und ich habe gern freiwillig meinen ‚Zehnten' dort reingetan. Einmal haben wir Weihnachten auf unsere Geschenke verzichtet und das eingesparte Geld unseren Missionarsfreunden in Pakistan gegeben."

„Mein jetziger Umgang mit Geld ist stark von meiner Familie geprägt. Wir haben früh Taschengeld bekommen und ab etwa der 5. Klasse alles Mögliche davon bestreiten müssen. Als ich mit vierzehn Jahren Bekleidungsgeld erhielt, kam ich mir richtig erwachsen vor."

„Wenn ich etwas angestellt hatte und mich entschuldigte, gab es immer Vergebung. Es wurde auch nicht den Geschwistern erzählt oder mir ständig wieder aufgetischt."

„Irgendwie hatte ich den Eindruck, dass meine Eltern immer Zeit hatten, auch im normalen Alltag: Wenn ich aus der Schule kam, bei den Mahlzeiten, beim gemeinsamen Arbeiten."

„Für mich ist es eine schöne Erinnerung, dass ich nach der Schule gleich alles erzählen konnte, was ich auf dem Herzen hatte. Ich musste auch nie einen Schlüssel mitnehmen, weil immer jemand da war. Heute ist das schon mal anders."

Alles nur wirres Zeug
von Chris

Kindheitserinnerungen haben ja so ihre Macken, denn wer sagt eigentlich, dass das alles stimmt, was man sich damals in sein unschuldiges Köpfchen eingebrannt hat? Ich bin mir nicht so sicher, ob ich alles so richtig behalten habe:

Zum Beispiel hatten wir einmal einen wunderschönen grünen Schirokko. Papa mit so einem sportlichen Wagen, das ist ja schon mal fraglich, oder? Auf jeden Fall kann ich mich an einen wunderbaren Tausch erinnern, denn irgendwann kam eine junge Frau auf unser Grundstück und tauschte dieses wunderbare Gefährt ein gegen zwei supersüße kleine Katzen. Aus meiner Sicht war das damals ein genialer Tausch. (In Wahrheit hatte sie das Auto gekauft und uns die Katzen geschenkt. Aber wer kapiert das schon als Kind...)

War es nicht so, dass wir ganz ohne Fernseher aufgewachsen sind? Jein, würde ich sagen, nicht nur weil wie eine super Videothek im Haus hatten und auch nicht, weil Harald uns über seine türkischen Freunde stets mit den neuesten Folgen von Knight Raider versorgte. Wer hatte eigentlich die geniale Idee, dass normaler Draht auch als Antenne taugt? Oder irre ich mich, und das waren doch nur Wunschvorstellungen – und wir waren auch trotz Mamas und Papas Abwesenheit treue Abstinenzler?

Wie viele Hühner und Hähnchen waren das eigentlich wirklich, die wir in diesem einen Jahr geschlachtet, gerupft und zerlegt haben? Wir wissen ja, dass Papa leicht zu Übertreibungen neigt. Ich erinnere mich nur daran, dass wir stundenlang in der Garage saßen, um Papas intuitiven Einkauf zu beseitigen, denn diese 12, 24, 52 oder 104 (???) süßen, kleinen, knuffeligen Küken konnte man ja nicht so einfach beim Händler lassen. Und dann wurden sie alle gleichzeitig sooo groß und hässlich...

Eines jedoch weiß ich noch genau: Papa hat sich eine Hühner-Rupf-maschine ausgeliehen mit der aaalles ganz schnell gehen sollte. Ich schätze mal, der Verleiher war genauso begeistert von der Maschine, wie auch Papa VOR dem Ausprobieren jenes elenden Teils; das natürlich nicht funktionierte. Letztendlich saßen wir ALLE dann wie jedes Jahr (auch nur eine Erinnerung) im Kreis und rupften diese Viecher per Hand – nur Ines, wo war die eigentlich?

Wer hatte eigentlich den meisten Spaß nach Sylvester? An Neujahrsmorgen zogen wir doch immer los, um Blindgänger unter den Knallern zu sammeln. Eigentlich wurden wir immer fündig, und nachdem die Feuerwerkskörper auf den Heizungen gut durchgetrocknet waren, zogen wir nach hinten in den Garten – schwer bewaffnet mit Streichhölzern und Feuerzeugen. Stefan hatte zuvor schnell noch mal einen Knaller in den Holzofen geworfen, um zu schauen, ob sich der Gang in den Garten überhaupt schon lohnte (und hat dem Schornsteinfeger damit eine Menge Arbeit abgenommen).Doch so im Nachhinein bin ich mir nicht so sicher, ob wir Kinder die einzigen waren, die am Knallen den größten Spaß hatten. Ich habe immer noch Papas prüfenden Blick vor Augen und sein Kopfschütteln, so nach dem Motto: „Nee, mein Sohn, da muss wohl der Papa ran." Und wir mussten dann staunend zuschauen, wie er dann ganz professionell das Problem Ohren betäubend für uns löste...

Und, lieber Harald, ich kann mich noch an (kleine) Benzinfeuerchen in der Sandkiste erinnern. Und auch schon damals kannten wir den Unterschied zwischen Diesel und Benzin! Ach ja, und das Haarspray war auch nicht schlecht!

Spar-Urlaub in Frankreich – Marie, hör auf zu nuckeln
von Mirke

In diesem Sommer war die Familienkasse so knapp, dass der Sommerurlaub für Mama, Papa, Ines, Esther, Tirza, Marie und mich auszufallen drohte – welch eine Vorstellung! Für alle Mühlans fatal! Sommerferien ohne zu verreisen kennen wir doch nicht! Zum Glück gab es noch die überraschenden 800 DM von Oma.

Also packten wir die Campingausrüstung in unser Wohnmobil, luden die Staufächer mit günstigen Lebensmitteln bis zum Rand voll und fuhren so Sprit sparend wie möglich nach Frankreich in die Normandie – südlicher wäre zu teuer geworden. Uns war – bis auf der kleinen Marie – allen klar: nix mit mal Essen gehen, nix mit Eis essen, nix mit Souvenirs, nix mit Sonderwünschen – dafür hatten wir ja immerhin den gemeinsamen Urlaub.

Nur Marie hatte das mit dem Geld sparen nicht so richtig verstanden. Bei jedem Stadtbummel bettelte sie erst mit lieblicher Stimme und großen Kulleraugen, dann mit trotziger Stimme und Schmollmund um ein Eis. Irgendwann hatte Papa die zündende Idee. Kurzerhand hielt er an einem Supermarkt, stieg aus und kam mit einer 2 Liter Packung After-Eight-Eis zurück. Da es so warm war und das Wohnmobil nicht über den Luxus eines Eisfaches verfügte, schnappte sich jeder einen großen Löffel, und die Eisschlacht begann.

Doch vor uns stand noch eine weitere Herausforderung. Marie bestand hartnäckig darauf, weiterhin am Daumen zu nuckeln. Einmal hatte sie zuvor schon aufgehört, da sie den Playmobil-Gemüsestand dafür versprochen bekam. Kaum stand er in der Spielecke, fing sie aber wieder an. Was nun? Also verbündeten wir uns alle solidarisch mit Marie und fingen alle an zu nuckeln,  *wenn klein Marie ihr Däumchen im Mund hatte. Am Anfang fand sie es noch lustig, irgendwann nervig und dann fühlte sie sich verar... Aber es hat geholfen – oder, Marie?*

Kinderspiele – jeder schreibt zehn Sachen auf
von Tirza

„Mööööööööörke, wollen wir zusammen spielen?" „Okay, jeder schreibt zehn Sachen auf." „Gut".

Arme Kinder: Als arme Waisenkinder verkleidet zogen wir mitleidserregend durch Haus und Garten und bauten uns kleine Hütten. Das Treppenhaus war ein steiler Berg, den es zu erklimmen galt und im Erdgeschoss vor dem Ofen lag ein großer See, wo wir uns täglich waschen mussten.

Restaurant: Die Küche wurde auf den Kopf gestellt, die kuriosesten Zusammenstellungen ausprobiert, und Mama und Papa mussten es essen.

Modenschau: Die wildesten Kombinationen wurden präsentiert, und der Kleiderschrank sah danach schrecklich aus; keiner hatte mehr Lust aufzuräumen.

Kassette aufnehmen: Fröhlich sangen wir gedichtete Lieder und dachten uns kleine Hörspiele aus.

Vater, Mutter, Kind: Esther war Mama, Mirke Papa und Marie und ich die Kinder, die auf das hören mussten, was die Großen sagten.

Playmobil: Eine unserer größten Lieblingsbeschäftigungen. Der Flur oben war unser Playmobilparadies, und immer wenn wir morgens aufwachten, war die Hälfte zerstört, weil Papa nachts aufs Klo musste.

Zirkus: Da gab es auch schon mal ein blaues Auge.

Tanzen: Marie und ich hatten schon unsere spezielle Tanzkleidung: gleiche Leggings und T-Shirts und tanzten und sangen fröhlich zu „Käsebrot, KÄSEBROT" (Dieter Falk „Get an bord")

Entdecker: Mit Kaffeefiltern bewaffnet versuchten wir das dreckige Wasser des Bachs an unserem Grundstück zu säubern und die Kröten zu retten.

„Hilfe, der König kommt": Wie die Wilden putzten wir die Badewanne beim Baden blitzeblank.

Worin hast du einen Mangel verspürt? Was ist dir negativ in Erinnerung geblieben?

Bei dieser direkten Frage war es für einige unserer erwachsenen Kinder endlich möglich, einmal das auszusprechen, was sie an schmerzhaften Erinnerungen und Verletzungen aus ihrer Kindheit in sich trugen, was konkret ihre Geschwister und auch uns Eltern betraf. Einige Vorfälle hatten sie verdrängt, andere nicht gewagt auszusprechen, einfach aus Wertschätzung ihrer Familie gegenüber oder um uns nicht wehzutun.

Die meisten Verlusterfahrungen verspürten unsere ältesten (angenommenen) Kinder. Trotz aller wunderbaren Familienunternehmungen, waren wir in der Erinnerung einiger Kinder zu streng und dominant. Sie empfanden, dass wir zu viele Regeln aufgestellt und zu wenig Freiheiten gewährt haben.

Dies sind einige Empfindungen unserer ersten „Kindergeneration":

„Ich hatte häufig ohne Anlass Angst vor Strafen, weil ich eine Familienregel vielleicht nicht beachtet haben könnte."

„Ich hätte gern mal meine Wut rausgelassen und Paroli geboten, wie es meine ältere Schwester manchmal getan hat. Aber das habe ich mich einfach nicht getraut."

„Ich hatte Ekelgefühle und Abneigung gegenüber dem Jungen, der meine Schwester missbraucht hat. Ich ahnte, dass irgendetwas mit ihm nicht stimmte. Aber ich konnte dieses Gefühl nicht richtig benennen und aussprechen. Andererseits hatte ich Mitleid mit ihm, denn er stellte immer schlimme Sachen an und wurde dann von Papa bestraft."

„Als junger Teenager empfand ich wenig Freiräume, zum Beispiel, was das Aufbleiben betraf oder abends weggehen, einen Tanzkurs machen, Treffen mit Klassenkameraden ... Ich hätte gern manches mehr mit meinen Eltern durchdiskutiert."

„Ich litt in der Teenagerzeit unter Minderwertigkeitsgefühlen. Ich hätte gern ein Hobby gehabt, das mir Bestätigung gegeben hätte. Aber da war nichts außer Gitarre spielen und die Mitarbeit bei den Kinderstunden in der Gemeinde."

„Mich hat einmal Mamas Spruch zu meinem Aussehen getroffen. Ich habe mich lange nicht so akzeptieren können, wie ich bin. Auch empfand ich, wenn ich gut und schnell arbeiten würde, bekäme ich mehr Anerkennung."

„Wenn ich beobachte, was meine jüngeren Geschwister jetzt so alles dürfen und wie selbstbewusst sie auftreten, werde ich richtig neidisch – obwohl ich nicht so empfinden sollte und es ihnen von Herzen gönne."

Aus der zweiten „Kindergeneration" kamen andere Erinnerungen:

„Als ich so acht oder neun Jahre alt war, fühlte ich mich im Vergleich zu meinen älteren Geschwistern so unbedeutend, einfach in der Masse untergegangen. Manchmal haben sie mich auch runtergeputzt und ich musste ihr „Laufbursche" sein. (Obwohl ich das mit meinen jüngeren Geschwistern später auch so gemacht habe.) Meine Mittelposition war einfach problematisch."

„Ich habe mich gegen meine redefreudigen Geschwister abgegrenzt und beschlossen, die ‚Stille' zu sein. So habe ich viele Dinge mit mir selbst abmachen müssen."

„Papas Herzinfarkt war für mich so schrecklich, dass damit meine Kindheit schlagartig aufgehört hat. Damals war ich zwölf Jahre alt."

„Ich hatte Angst vor Strafen, wenn ich in manchen Schulfächern immer schlechte Noten nach Hause brachte."

„Ich fühlte mich bei allem Schönen, das wir erlebten, doch zu wenig beachtet und konnte einfach nicht über meine Gefühle sprechen. Ich weiß, meine Eltern wären sofort darauf eingegangen, aber irgendwie brachte ich es nicht fertig, sie anzusprechen. So blieb ich oft einsam."

„Ich habe die Meinungsverschiedenheiten meiner Eltern nicht mitbekommen und dadurch für meine eigene Ehe nicht streiten gelernt."

Wenn Erwachsene auf ihre Kindheit zurückschauen und Bilanz ziehen, zählt, wie sie damals als Kind in der betreffenden Situation empfunden haben und was sich dadurch in ihre Seele eingegraben hat, doch nicht unbedingt, wie die Eltern es gemeint haben oder wie es sich tatsächlich zugetragen hat. Je nach Persönlichkeitstyp oder Stimmung empfinden Kinder gewisse Situationen auch unterschiedlich.

Die gleiche Konsequenz oder ein verletzender Ausspruch trifft das eine Kind schwer und ein anderes berührt es kaum. Hinzu kommt, dass manch ein angenommenes Kind phasenweise den Schmerz, von seinen leiblichen Eltern verlassen worden zu sein, unbewusst auf uns projizierte. Das verstärkte dann Einsamkeits- und Ablehnungsgefühle.

Eine Persönlichkeitsentwicklung verläuft äußerst kompliziert und wohl nie ohne Verlusterfahrungen und seelische Verletzungen. Nur gut, wenn dies alles ausgesprochen werden darf und Versöhnung und Heilung stattfinden kann.

Einige Äußerungen unserer erwachsenen Kinder haben uns als Eltern sehr betroffen gemacht. Es tut uns heute außerordentlich Leid, dass so manches Kind es nicht wagte, uns zu widersprechen oder seine wahren Gefühle zu zeigen. Auch dass wir manche Einsamkeitsgefühle nicht besser auffangen konnten, stimmt uns traurig. Wir waren als junge, unerfahrene Eltern einfach zu streng und strikt und konnten auf die Stimmungen und Gefühle unserer ältesten Kinder nicht so eingehen, wie wir es heute vermögen.

Dazu stellen wir uns und wollen erst gar nicht anfangen, uns mit allen möglichen Gründen zu rechtfertigen. Manches haben wir damals auch gar nicht bemerkt. Wir sind sehr froh, dass wir uns mit den betroffenen Kindern haben aussprechen können. Einige Gespräche waren sehr ergreifend: Nicht nur wir, auch die Kinder haben sich für ihre Fehler und falsche Haltungen entschuldigt und nochmals ihre Dankbarkeit für unsere Opfer und Hingabe ausgedrückt.

Für alles gut
von Marie

Als kleine Schwester muss man damit leben, dass man meistens nervt, zu doof für die Sachen ist, die die Großen schon können und überhaupt in ihren Augen alles darf, was die anderen damals nie durften. Doch für eines sind sie immer gut, nämlich für all das, was andere nicht mitmachen wollen.

Keiner hat Lust mit Mirke Fußball zu spielen? Natürlich die kleine Schwester. Doch sie darf erst wieder ins Haus, wenn ihre Hosen durchgescheuert und voller Grasflecken sind. Sie muss der beste Torwart in ganz Stöckheim werden, koste es, was es wolle.

Bevor sie in die Schule geht, muss sie schreiben und lesen gelernt haben. Dieses Wissen kann man ihr doch irgendwie reinprügeln! Zum Glück hat Mirke jetzt studiert und hoffentlich andere Lehrmethoden gelernt, als sie bei mir angewandt hatte.

Kommt die kleine Schwester auf die gleiche Schule, muss sie gut aussehen. Tirza hat viel Mühe in meine tägliche Frisur gesteckt. Dann muss man halt mal mit seinen kurzen Beinen zum Bus rennen, doch den Ruf darf ich nicht ruinieren. Ich bin doch die kleine, Süße.

Doch Fußballprofi, Überflieger und Püppchen ist nicht genug, wenn sie genauso gut noch das Skaten lernen kann. Treppen springen, Slalom und grinden. Kleine Schwestern passen auch gut in Puppenwagen, und sie nehmen sogar die hässlichen Reste vom Playmobil, nur damit sie mitspielen dürfen.

Doch ich möchte nicht undankbar klingen, denn im Großen und Ganzen muss ich zugeben, dass ich die Aufmerksamkeit genossen habe.

Total pädagogische Bauklötzchen
von Ines

Ich muss so ungefähr acht Jahre alt gewesen sein. Ich wünschte mir sooo sehr ein Barbiepuppe. Esther teilte mit mir den Wunsch – nur leider Mama und Papa nicht. Sie fanden dieses Spielzeug wohl – na ja, wie soll ich sagen – „unpädagogisch". Nach langem Überlegen und fleißigem Sparen ging ich mit Esther zum Supermarkt. Wir wollten uns nun endlich eigenständig eine Barbiepuppe kaufen.

Schließlich eroberten wir unser heiß geliebtes Objekt und schlichen uns in unser Zimmer, um damit zu spielen. Leider kamen wir nicht wirklich dazu, denn da war etwas, das uns störte! Es war unser schlechtes Gewissen. Wir fühlten uns sooo schlecht, ohne Mamas oder Papas Erlaubnis eine Barbiepuppe gekauft zu haben. Jaja, hätten wir sie gefragt, hätten sie doch sowieso „nein" gesagt. Die „Heimlichtuerei" ließ uns allerdings trotzdem keine Ruhe und irgendwie machte das Spielen keinen Spaß. Also beschlossen wir, die unpädagogische Puppe zu vernichten. Wir schlichen uns also nach draußen und stopften die nagelneue Puppe ganz tief in die Mülltonne.

Endlich, befreit vom schlechten Gewissen, gingen wir wieder in unser Zimmer und spielten was das Zeug hielt. Zwar nicht mit der coolen, aber unpädagogischen Barbie, sondern nur mit den uncoolen, aber pädagogischen Bauklötzen.

Eins, Mama, verstehe ich nicht: Wieso durfte unsere kleine Schwester Marie später mit Barbies spielen?

Welche Werte und Lebenseinstellungen hast du mitgenommen?

Jede Familie entwickelt eine ganz eigene Kultur, die die Lebensgewohnheiten eines Kindes beeinflussen. Dazu gehören das Vorbild der Eltern, der Umgang mit den Geschwistern, aber auch die Lebensüberzeugungen und Werte innerhalb einer Familie.

Eine eigenständige Persönlichkeit zu werden bedeutet, sich mit den in der eigenen Familie erworbenen Gewohnheiten und Werten selbstkritisch auseinander zu setzen, sie mit den Werten und Überzeugungen anderer Menschen zu vergleichen, um schließlich für sich selbst formulieren zu können: „So und nicht anders will ich leben!" Das ist ein Prozess, der in den Teenagerjahren beginnt und sich bis weit ins Erwachsenenalter fortsetzt.

Auf die Frage nach ihren Werten und Lebensüberzeugungen antworteten unsere erwachsenen Kinder spontan:

„Familie ist eine Oase im Alltag, wo man lachen und weinen kann und Sorgen gemeinsam trägt. Ich möchte alles daran setzen, später einmal so ein Familienleben zu führen."

„Als Teenager wollte ich ein sexuell reines Leben führen. Ich habe früh geheiratet, möchte Kinder haben und bin zuversichtlich, sie auch gut erziehen zu können."

„Ich möchte Menschen nie anschreien. Ich habe erlebt, dass dies möglich ist."

„Selbst Ruhe und Gelassenheit ausstrahlen. Keine Hektik oder schlechte Laune an den Kindern auslassen!"

„Wahrhaftigkeit und Ehrlichkeit!"

„Durchsetzungsvermögen und Versöhnungsbereitschaft."

„Der christliche Glaube ist etwas Schönes und Lebenserfüllendes."

„Gott dienen ist wichtiger als Geld verdienen!"

„Ich gebe Gott mein Geld und meine Zeit!"

„Mit Jesus zu leben ist mein Lebenssinn. Gott hat einen Auftrag für mich. Ich möchte einmal Früchte ernten, die einen ewigen Bestand haben."

„Meine Persönlichkeit ist okay. Ich brauche nicht anders zu sein!"

„Nicht die Meinungen der Menschen um mich herum bestimmen mein Leben! Ich weiß um meinen Wert und meine Identität."

„Achte den anderen höher als dich selbst! Einen demütigen Menschen hat Gott lieb."

„Ich kenne Gott als liebevollen Vater und Versorger."

„Ich will mit Gottes Schöpfung verantwortungsbewusst umgehen!"

„Jeder Mensch ist wertvoll – auch Arme, Behinderte und vom Leben Benachteiligte."

„Man muss immer Vorrat haben, denn man weiß nie, wer zu Besuch kommt."

„Klotzen und genießen!"

„Sich in andere Menschen zu investieren ist wertvoll!"

„Bei Problemen erst einmal das Positive annehmen. Für fast alle Probleme gibt es eine Lösung."

„Da die Arbeit ohnehin gemacht werden muss, mache ich sie gleich fröhlich!"

Shoppen, dekorieren, Strafpredigten
von Esther

In meiner Teeniezeit kannte ich kein Mädchen, das so gerne mit der Mama shoppen ging, wie wir! Wir ließen dafür sogar unsere Geburtstagsparty sausen. Es bürgerte sich der Satz ein „Feierst du, oder gehst du dafür mit Mama in die Stadt shoppen?". Aber nicht nur zum in die Stadt gehen war Mama die ideale Partnerin – auch IKEA war sehr beliebt als Einkaufsziel!

Manche mögen stöhnen, wenn eine Renovierung oder ein Umzug im eigenen Haus anliegt, für uns war es pure Freude und Auslebung der eigenen kreativen Kräfte. Stundenlange wurde mit Mama und auch mit Papa (wegen der technischen Umsetzung der Teenieträume) geplant. „Was stellst du dir vor, welche Raumgestaltung entspricht deinem Typ…"

Und dann ging es los zum Einkaufen: Haufenweise Tapete und Bordüre und Stoff und der von Mühlans so geliebte Krimskrams. Es wurde nach Herzenslust gestrichen, gehämmert und tapeziert. Und ganz zum Schluss wurde genäht, und zwar von den Kindern – oh, natürlich von den Teenagern selbst! Geduldig erklärte uns Mama stundenlang ihre Nähmaschine, führte uns in die Kunst des Kissen- und Vorhangnähens ein. Ich wurde schon so manches Mal um diese Kunst beneidet und habe auch schon so manche mehr oder weniger geraden Nähte genäht.

Immer wenn ich mich an meine (von Mama gesponserte) Nähmaschine setze, denke ich an dieses dunkelrote Zimmer mit den Goldsprenglern in der Tapete und an meine Hängematte, den endlos langen Gardinen aus passendem Stoff und die passende Bettwäsche…

Ich bin dankbar dafür, dass Mama die Prämisse hatte, jedem ihrer Töchter mindestens die Grundzüge des Nähens beizubringen. Und ich bin auch sehr dankbar für das weitergegebene Gespür für Dekoration und Raumgestaltung und auch für eine gewisse Immunität gegen Staub…

Apropos Staub, das heißt natürlich nicht, dass bei uns früher nicht geputzt wurde! Ganz im Gegenteil! Mama liebte es zu Saugen, ganz besonders Samstagfrüh oder in den Ferien, wenn sie dachte, dass ihre Kinder genug geschlafen hätten. Bei den ganz hartnäckigen ging es dann rums, rums gegen die Tür. Verse-

hentlich natürlich. Und die Uhrzeit? Halb Elf, viel zu früh für müde, lang-
schläfrige Teenager – aber man soll ja schließlich noch was vom Tag haben (so
meint es zumindest Mama).

Oder Mama steht vor versammelter Meute, streckt ein Bein vor und stützt
eine Hand in ihre Hüfte. Oh je, oh je, jetzt gibt es eine Strafpredigt und richtig!
Sie zaubert von irgendwo ein Handtuch her und wedelt damit anklagend vor
unseren Nasen herum. Man hat das Gefühl, als müsste man wissen, was man
falsch gemacht hat. Aber ich bin mir diesmal keiner Schuld bewusst, und Ines
geht es genauso – das sehe ich ganz genau.

„Also, Kinder", fängt Mama mit ihrer Strafpredigt an, „dieses Handtuch
liegt jetzt seit einer Woche auf der Treppe rum – so geht das nicht!" Ja, wieso
denn nicht, ist mir doch egal, wo dieses doofe Handtuch rumliegt. Das sag ich
natürlich nicht, ich denke es auch nicht mal richtig, denn ich bin ja die brave
Esther. Ich fühle mich zwar schuldig, die anderen auch, das sehe ich – aber ich
weiß gar nicht so genau warum nur!

Nun, heute ist mir klar, dass Mama uns Verantwortung angewöhnen und
Hotel-Mama abgewöhnen wollte. Damals brauchte ich noch eine ganze Weile,
um das zu kapieren. Ob ich mich deswegen noch zu gut erinnere? Ich habe jeden-
falls sicherheitshalber alle Handtücher bei meinem Auszug mitgenommen, die ich
gesehen habe. Aber, Pech gehabt, Mama hat ihre Versuchsobjekte gewechselt.

„Meine Eltern verstanden es, unsere Begabungen aus uns ‚herauszukitzeln'..."

Rückblick von Chris, (damals 26 Jahre alt)

Wenn ich an meine Kindheit denke, fällt mir zuerst der starke Familienzusammenhalt ein: Spaziergänge, Schlitten- und Skifahrten, besondere Ausflüge, Urlaube und Familienfreizeiten stehen mir sofort vor Augen. Ich erinnere mich an die gemeinsamen Mittagessen und viele andere alltägliche Situationen, in denen meine Eltern ein offenes Ohr für mich hatten.

Trotz der vielen Kinder war der Einzelne, so habe ich es persönlich stark empfunden, für meine Eltern stets im Mittelpunkt des Interesses. Wenn ich mit meinen Sorgen ins Wohnzimmer kam und Papa gerade Zeitung las, nahm er sie sofort herunter und schaute mich aufmerksam an (genauso, wie er es in seinen Erziehungsbüchern schreibt).

Meine Eltern achteten außerdem darauf, dass jeder seine persönlichen Begabungen entfalten konnte, ohne dass andere Geschwister zur Konkurrenz wurden. Ich begann zum Beispiel mit 12 Jahren Gitarre zu spielen. Als mein zwei Jahre älterer Bruder Nico neugierig wurde und es mir nachmachen wollte, ermutigten meine Eltern ihn dazu, seine Begabung im Bereich des Malens auszubauen, damit kein Konkurrenzkampf aufkommen konnte. Jeder hatte seine Bereiche, in denen er gelobt wurde. Meine Eltern verstanden es, unsere Begabungen aus uns „herauszukitzeln".

Typisch für uns waren auch unsere wöchentlichen Arbeitseinsätze im Garten und Haus, bei denen wir gemeinsam „ganz schön ins Schwitzen kamen". Es machte mir viel Spaß, mit Papa einzukaufen und zu arbeiten. Ich konnte während dieser Zeit viel lernen und mit ihm gute Gespräche führen.

Auch heute arbeiten und lachen wir noch gerne zusammen. Da wir sozusagen Nachbarn sind, gibt es immer wieder Gelegenheiten dazu. Wir haben nämlich die alte Doppelgarage auf unserem Hof zu einem Wohnhaus umgebaut, in dem Tanja, meine Frau, und ich jetzt wohnen.

Da meine Eltern im geistlichen Dienst standen, wurden wir häufig zu Familienwochen und Seminaren mitgenommen. Zuerst als Teilnehmer und dann als

Helfer und Mitarbeiter. Ich habe mich dadurch wertgeschätzt gefühlt und die damit verbundenen Herausforderungen gerne angenommen.

Anfangs half ich in Kindergruppen mit und später entwickelte und leitete ich zusammen mit Nico das Jugendprogramm auf Teenagerseminaren. Mama und Papa ermutigten uns ständig dabei und unterstützten uns, wo es nur möglich war.

Damals gab es in unserer Gemeinde keine weiteren Teenager in meinem Alter. Deshalb kam ich mir manchmal einsam vor, fühlte mich unbemerkt und ohne Anleitung. Meine Eltern versuchten das aufzufangen, indem sie mir und meinen Geschwistern ermöglichten, bei King's Kids Einsätzen mitzumachen (King's Kids ist ein Arbeitszweig von Jugend mit einer Mission, der international Kinder und Teenager in ihrem Glaubenswachstum fördert und sie herausfordert, offensiv für Jesus einzutreten. Das geschieht durch Sportcamps, Tourneen mit Musik und Tanz und praktische Hilfseinsätze im IN- und Ausland.)

Als dann meine älteren Geschwister und ich in ihrem Gefolge eine eigene Praise Kids Arbeit in unserer Stadt begannen, waren meine Eltern anfangs die Einzigen, die uns bei Schwierigkeiten und Problemen ermutigten. Diese enge geistliche Beziehung zu meinen Eltern hat mich schon in der Grundschulzeit dazu bewegt, einmal so werden zu wollen wie sie.

Auch mein jetziges geistliches Leben hängt stark mit diesen kindlichen Erfahrungen zusammen. Weil ich es gewohnt war, zu Hause in Gemeinschaft zu arbeiten, gibt es für mich selten Probleme, mich in ein Team einzugliedern.

Worin empfand ich einen Mangel? Mir wird inzwischen bewusst, dass ich mich als Teenager manchmal eingeengt gefühlt habe. Ich hatte den Eindruck, dass mir meine Eltern zum Beispiel Freundschaften mit Mädchen verbieten würden. Mir wäre lieber gewesen, wir hätten mehr über solche Dinge gesprochen.

Dennoch war Sexualität bei uns kein Tabuthema. Ich hätte jederzeit Fragen stellen oder zu meinen Eltern kommen können. Trotzdem wäre es gerade während meiner Pubertät für mich leichter gewesen, wenn Papa das Thema öfter einmal angeschnitten hätte. Als ich dann aber mit Tanja befreundet war, nahmen solche Gespräche zu.

Die Erziehung meiner Eltern empfand ich als gradlinig, aber nicht zu streng. Ich erinnere mich: Wenn ich Mama gegenüber frech gewesen war, stellte Papa sich schützend auf ihre Seite. Diese Erlebnisse scheinen mich als Junge tief beeindruckt zu haben, denn ich ertappe mich heute oft dabei, dass ich auch meine Frau vor anderen zu schützen versuche.

So seltsam es klingt – mich hat es stark irritiert, dass ich niemals erlebt habe, dass meine Eltern lautstark stritten. Dadurch wusste ich nicht, dass es ganz „normal" ist, als Ehepaar Konflikte miteinander auszutragen. Es hätte mir geholfen, zu wissen, dass es Streit gibt und wie man ihn fair austrägt. So ging bei mir anfangs bei jedem Streit mit Tanja gleich „eine ganze Welt unter". (Tanja: „Für mich dadurch aber auch …")

Auf der anderen Seite hat mich der Umgang mit meinen vielen Geschwistern darin geschult, wie man sich schnell wieder versöhnt. Ich mochte die vielen Geschwister um mich herum. Es war mir nicht zu viel, und ich habe mich auch in der Geschwisterfolge wohlgefühlt. Offensichtlich hatte ich eine günstige Position.

Eine unserer Familienregeln lautete, dass man sich bei Klassenfahrten oder Freizeiten nur zu Hause melden brauchte, wenn ein Notfall vorlag. Ließ man nichts von sich hören, war alles in Ordnung. Ich genoss das Vertrauen und meine Selbständigkeit.

Als sich jedoch meine Eltern während meiner Zivildienstzeit, die ich in einer anderen Stadt verbrachte, an die gleiche Abmachung hielten und kaum anriefen, fühlte ich mich doch manchmal einsam, und ich hätte mir so manches Mal gewünscht, dass sie sich gemeldet hätten.

Wenn ich darüber nachdenke, welche Werte und Lebenseinstellungen bei mir am meisten hängen geblieben sind, fällt mir zu aller erst mein hingegebener Glaube an Gott ein. Von Kindheit an war es mein größter Wunsch, Gott einmal wie meine Eltern vollzeitlich zu dienen.

Ich habe gelernt, mir in meinem Leben bewusst Ziele zu setzen und alles darauf auszurichten, sie auch zu erreichen. Das gilt sowohl für biblische Werte als auch für die Ehe: Ich wollte nach dem Vorbild meiner Eltern ein reines Leben führen, heiraten und Kinder bekommen. Ich bin überzeugt, dass es auch in dieser

Zeit noch möglich ist, Kinder nach biblischen Maßstäben zu erziehen. Meine Familie ist mir dabei das beste Vorbild.

Ganz besonders aber hat mich das Vertrauen meiner Eltern in Gottes Versorgung beeindruckt. Mir war immer klar, dass sich Mama und Papa in finanzieller Hinsicht Gott völlig anvertraut hatten. Ich habe miterlebt, wie wir als Familie ein Auto geschenkt bekommen haben, aber auch Zeiten kennen gelernt, in denen wir aus Geldmangel ein Auto verkaufen mussten. In allem fühlten wir uns sicher bei Gott aufgehoben und ich habe nie einen Mangel verspürt.

Heute gebe ich Gott genauso meine Zeit und mein Geld in der Gewissheit, dass er mich immer versorgen wird. Gerade in diesem Bereich habe ich schon viele Wunder erleben dürfen.

Als ich 19 Jahre alt war, befassten sich meine Eltern mit dem DISG-Persönlichkeitsprofil, bei dem man etwas über seine Stärken und Schwächen erfährt. Für mich war es aufregend, dass sie sich mit uns Älteren zusammensetzten und viel Zeit damit verbrachten, uns alles zu erklären und bei der Auswertung dieses Profils zu helfen.

Bis dahin kannte ich meinen Persönlichkeitstyp noch nicht richtig und war deshalb auch immer wieder unzufrieden mit mir selbst. Das Profil half mir enorm, meine wahre Identität zu finden und mich so anzunehmen wie ich bin.

Alles in allem habe ich nicht nur meine Kindheit genossen und schätzen gelernt, sondern freue mich auch jetzt noch jeden Tag aufs Neue an einer sehr guten Beziehung zu meinen Eltern, die mir nach wie vor ein wichtiges Vorbild sind.

Aus der Dunkelheit ins Licht - Mein Bruder hat mich missbraucht
von Ines für die Zeitschrift „Lydia" geschrieben (2/2003)

Sexueller Missbrauch – zwei Wörter scheinen zu kurz, um den Schmerz zu benennen, unter dem jede dritte Frau leidet, und das noch vor ihrem 18. Geburtstag. Auch Männer bleiben nicht verschont. Jeden zehnten trifft es. Scham- und Schuldgefühle, Angst und Wut folgen dem Horror sowie Albträume, Selbsthass und allgemeines Misstrauen. Oft fühlen sich die Betroffenen, als wäre ein Teil von ihnen gestorben.

Die Täter sind selten Fremde, die in dunklen Gassen lauern. Etwa neunzig Prozent der Missbrauchten kannten die Person vor dem ersten Übergriff, vertrauen ihr oder mochten sie sogar. Missbrauch passiert auch nicht nur in problematischen Familien. Ines zum Beispiel ist in einer vorbildlichen Familie aufgewachsen. Ihre Eltern, Claudia und Eberhard Mühlan, sind bekannt durch Seminare und ihre Ratgeberbücher zum Familienleben. Sie haben alles versucht, um ihre sieben leiblichen und sechs angenommenen Kinder gut zu erziehen. Trotzdem hat ein Pflegebruder Ines mehrere Jahre lang missbraucht, ohne dass e s ihre Familie bemerkt hat – aber wer redete vor zwanzig Jahren schon über dieses Thema?!

Wie viele Betroffene hat Ines über Jahre hinweg geschwiegen, weil ihr Pflegebruder ihr drohte und Scham- und Schuldgefühle sie zurückhielten. Ines Eltern erfuhren erst viel später, was passiert war. Wie die meisten Eltern weinten sie, fühlten sich hilflos, verletzt und wütend und fragten sich: „Warum konnten wir unser kleines Mädchen nicht beschützen?"

Ines hat den steinigen Weg zur Heilung gewagt und weiß heute: Die Nacht des Weinens erscheint endlos, doch der Morgen kommt und mit ihm neue Freude. Die schmerzliche Wahrheit ans Licht zu bringen war ein Schritt in die Freiheit.

Ines erzählt ihre Geschichte in „Lydia", wie sie sich wünscht, dass sich noch mehr Betroffene „auf den Weg machen", um Heilung zu finden und zu erleben: Für Gott gibt es keine hoffnungslosen Fälle.

„Nee, jetzt kann ich nicht mehr, und jetzt will ich nicht mehr", dachte ich und beschloss, mich vor einen Lastwagen zu werfen und meinem Leben mit zwanzig Jahren ein Ende zu machen. Ich machte gerade mit Freunden in England Urlaub. Wieder hatte ich viel zu viel getrunken und sogar mit Medikamenten die Wirkung verstärkt. Der Schmerz hatte mich überrannt. Die Vergangenheit, vor der ich so lange weggelaufen bin, holte mich ein: Mein Pflegebruder hat mich sexuell missbraucht.

Es schien lange her und doch wie gestern. Ich war ungefähr sechs und er ein Teenager, der mich mit Drohungen, die ein Kind ängstigen, zum Schweigen brachte. Ich versuchte, einfach nur die Jahre durchzustehen. Dann verließ dieser Junge aufgrund anderer Schwierigkeiten meine Familie. Was zurückblieb war ein verängstigtes kleines Mädchen, das sich schuldig, schmutzig und alleine fühlte.

Eine Zeit lang konnte ich den Schmerz verdrängen. Ich lebte das Leben eines Teenagers, eingebunden in eine Familie, in Freundschaften und in engem Kontakt zu meiner Kirchengemeinde. Als Freundschaft, Partnerschaft und der Umgang mit Sexualität öfter Thema wurde, musste ich mir eingestehen, dass etwas mit mir nicht stimmt. Ich empfand meine Ängste, Unsicherheiten und Ekel gegenüber Jungs als unnormal und suchte den Grund dafür bei mir. Ich kam zu dem Schluss: „Mein Körper war mein Feind." Ich fand mich hässlich und wertlos. Deshalb bekämpfte ich ihn, indem ich ihn schnitt, mich verbrannte, meinen Körper aushungerte und den Ausweg im Alkohol suchte. Der Kampf war ein verzweifelter Ausdruck meines Schmerzes und ein Hilfeschrei, der aber keine Erleichterung brachte. Mit Zwanzig wollte ich mein Leben vor einen Lastwagen werfen – ich wollte nicht mehr fühlen, denken oder sein.

Der Versuch misslang. Ein Freund, der meine Situation lange miterlebt hatte und mir oft die einzige Stütze war, sagte: „Jetzt reicht's! Du packst deine Sachen und gehst in die Psychiatrie. Ich kann dich vor dir selbst nicht mehr schützen!" Er brachte mich zurück nach Deutschland und ließ mich in eine Psychiatrie einweisen.

Wirkliche Hilfe fand ich in dem halben Jahr dort nicht. Die Ärzte gaben mir fast nur Medikamente, stellten mich ruhig – so gut oder schlecht das jedenfalls ging. Immer noch verletzte ich mich. Ich hasste dieses Leben und hatte auch mit Gott nichts mehr am Hut, weil ich auf viele Fragen und Bitten einfach keine Antwort bekam, die mir die Situation erleichtert hätte. Auch der christliche Hintergrund meiner Familie war mir zu damaligen Zeitpunkt keine Stütze mehr. Weder Gott noch meine Eltern konnten mich schützen. Also zerbrach mein Vertrauen, dass es irgendjemandem möglich sein könnte, mir zu helfen. Wie konnte Gott das überhaupt zulassen? Und wo war er jetzt? Die Gebete in der Gemeinde und die Seelsorge schienen mich auch kein Stück weiterzubringen. Alle waren überfordert. Und ich fühlte mich innerlich so einsam – keiner verstand mich.

„Hoffnungslos" schien in fetten Buchstaben über meinem Leben geschrieben. Viele Patienten in der Psychiatrie kamen regelmäßig wieder. Das beobachtete ich und frage mich: Soll das auch mein Schicksal sein? Rein, raus, rein in die Psychiatrie?

Zum ersten Mal dachte ich darüber nach, eine Therapie zu machen. Das hatten mir meine Eltern, zu denen ich nach wie vor eine sehr emotionale Bindung hatte, immer wieder vorgeschlagen. „Vielleicht für eine paar Wochen", sagte ich mir. Nie hätte ich geahnt, dass zwei Jahre daraus werden würden! Das war wohl auch besser so. Sonst hätte ich mich sicher nicht auf diesen Weg eingelassen.

Meine Eltern freuten sich über meine Entscheidung, endlich Hilfe anzunehmen. Schon seit fünf Jahren mussten sie meinem „Absturz" hilflos zusehen, weil ich einfach keine Hilfe in Anspruch nehmen konnte oder wollte. Mit fünfzehn waren die Themen Freundschaft, Beziehung, Partnerschaft in immer größerer Bedeutung auf mich zugekommen, so dass der Schmerz irgendwann auf einem Teen-Camp aus mir herausbrach. Danach wollten meine Eltern Einzelheiten wissen, was mir sehr unangenehm war. Noch immer wollte ich „mein schlimmes Geheimnis" für mich behalten, weil ich mich so schämte. Meine Eltern weinten. Nie hätten sie geahnt, was passiert war, oder die Zeichen meiner Kindheit auf Missbrauch gedeutet, weil dieses Thema zu damaligen Zeitpunkt allgemein „tabu" war.

In der Therapie sollte ich den Schmerz, die Scham und die Ängste, die ich bislang betäubt hatte, zulassen und ihnen ins Gesicht schauen. Ich wusste: Entweder ich stelle mich der Vergangenheit, oder ich gebe mich ganz auf.

Panik überkam mich. Bestimmt würden die Gefühle mich völlig überrollen und erdrücken, und wenn ich einmal anfangen würde zu weinen, könnte ich nie wieder aufhören.

Umlernen und Schritte gehen

Doch der Wahrheit ins Gesicht zu sehen, war der erste Schritt zur Heilung, auch wenn ein schwerer und langer Weg vor mir lag. Ich musste neu vertrauen lernen und ein gesundes Selbstbewusstsein entwickeln – alles, was ich in der Kindheit verloren hatte. Mein Verstand begriff, dass ich weder dreckig noch schuldig war – doch meine Gefühle widersprachen. Ich dachte: „Ach, hätte ich mich nur gewehrt", obwohl das damals nie funktioniert hätte. Langsam erkannte und bekämpfte ich die Lügen, die sich in meinen Gedanken festgesetzt hatten, begann, an mich und meinen Wert zu glauben und liebevoll mit mir selbst zu empfinden, zu mir zu sagen: „Mensch, da warst du echt arm dran", und über das zu trauern, was mir angetan worden war.

Zu der Zeit – mitten in der Therapie – bekam ich einen Brief von Jerry, einem Freund aus meiner Teeny-Zeit. Er wusste nicht, was mit mir los war. Jerry hatte mich früher einmal in einem Chor gesehen und – wie er sagt – sich sofort verknallt; zum Glück hatte er mir das zum damaligen Zeitpunkt nicht gesagt. Sonst hätte ich mich wie immer sofort zurückgezogen. Jerry hatte mich um meine Adresse gebeten, und es war ein regelmäßiger Kontakt entstanden. Seit einigen Jahren hatte ich jedoch nichts mehr von ihm gehört.

Zu dem Zeitpunkt der Therapie hatte ich meinen Hass auf Männer noch nicht überwunden. „Alle Männer sich Schweine – außer meinem Papa", habe ich gedacht. Also schrieb ich Jerry einen gepfefferten Brief zurück. Ich erklärte ihm, was mir passiert ist, und versuchte nicht, meine Lage zu beschönigen. „Er soll wissen, wer ich bin!", dachte ich. „Wenn er mir jetzt noch zurück schreibt, gut; wenn nicht, auch in Ordnung!"

Jerry ließ sich nicht einschüchtern. Er schrieb zurück, und nicht nur einmal. Die Post konnte sich von da an mehrmals wöchentlich über Porto von uns freu-

en. Über Jerry bekam ich auch Kontakt zu einer guten Freundin von ihm, mit der ich mir von diesem Zeitpunkt an sehr intensive Briefe parallel zu denen von Jerry schrieb. So hatte ich das Gefühl, jemanden an meiner Seite zu haben, eine Freundin, mit der ich die Dinge oder Gefühle besprechen konnte, die mich manchmal noch einholten und über die ich noch nicht mit Jerry reden konnte.

Brief für Brief diskutierten wir über meine Lage, den Schmerz, die Ängste, die Hoffnungslosigkeit. War Gott vielleicht doch da? Wusste er, was gut für mich war? Kannte er die richtigen Zeitpunkte?

Langsam lernte ich wieder zu vertrauen. In die Dunkelheit meines Lebens brachen Lichtstrahlen. Ich verliebte mich in Jerry – war ich vielleicht doch beziehungsfähig? Als mich Jerry zum ersten Mal in der Therapie besuchte, spürte ich, dass ich mich verändert hatte. Obwohl er ein Mann war, liebte ich ihn und fühlte mich wohl in seiner Nähe. Und wenn mich wieder „alte" Gefühle überkamen, hatte ich Menschen um mich herum, mit denen ich diese Gefühle sofort besprechen konnte, so dass sie nach und nach schwächer wurden.

Nach zwei Jahren beendete ich die Therapie, nahm mir eine Wohnung in Essen, wo Jerry wohnte, und konnte sogar meine Ausbildung als Erzieherin abschließen. Einmal in der Woche ging ich noch zu einem Therapeuten, um den Übergang ins Leben zu schaffen.

Jerry nahm sehr viel Rücksicht auf mich und sagte mir öfter: „Wir machen nichts in unserer Beziehung, was du nicht willst." Das nahm mir den Druck. Wenn mich etwas belastete, konnte ich einfach mit ihm reden. Gespräche und Liebe vollbringen Wunder.

Doch nach einiger Zeit fühlte sich Jerry überfordert, weil sich alles um meine Bedürfnisse drehte. Er machte Schluss. Ich wollte lernen, auch wieder auf andere einzugehen, auch mein Gegenüber im Blick zu haben. Das halbe Jahr Trennung tat uns gut. Unsere Beziehung gewann ein gesundes Gleichgewicht zwischen Geben und Nehmen. Danach kamen wir wieder zusammen, und wenig später fragte mich Jerry, ob ich ihn heiraten möchte.

Die Wunder-Hochzeit

Früher hatte ich Angst zu heiraten. Das bedeutete schließlich Sex! Jerry ließ sich nicht beirren: „Wenn wir nach der Hochzeit erst mal keinen Sex haben, ist das auch O.K.! Ich will dich nur heiraten, und wir machen nichts, was du nicht willst." Das gab mir die Sicherheit, die ich brauchte, die Gewissheit, da ist jemand, der meine Gefühle und Grenzen respektiert.

Am 26. Oktober 2002 habe ich Jerry geheiratet. Rund um uns herrschte Spannung, als wir das Trauversprechen gesungen haben, besonders bei einer meiner Liedzeilen: „Ich war mir nicht sicher, ob ich je hier stehen würde." Alle Anwesenden waren sich wohl bewusst, dass vor ihren Augen ein Wunder geschah. Gott hat mich, den „hoffnungslosen Fall", gerettet und beschenkt.

Früher kannte ich Gott nur vom Hörensagen, obwohl ich ihm mit etwa elf Jahren meine Leben anvertraut hatte. Ich machte vieles in der Gemeinde nur mit, um dazuzugehören. Doch jetzt habe ich Gott persönlich erlebt und erlebe ihn auch heute. Vor ihm kann ich ehrlich und schwach sein. Er liebt mich und trägt mich. Die Frage nach dem Warum kann ich nicht beantworten. Doch ich vertraue ihm. Immer wieder bereitet er mich auf den nächsten Schritt vor. Zum Beispiel wollte ich wegen meiner Vergangenheit nie ein Pflegekind aufnehmen, und schon gar keinen Jungen. Doch ein Bekannter suchte von heute auf morgen dringend eine Familie, die ein Baby aufnehmen konnte, einen Jungen! Wir entschieden uns zu helfen. Es dauerte nicht lange, da hatte ich den kleinen Josef lieb gewonnen.

Wenig später wurde ich schwangen – mit einem Jungen. Früher wollte ich immer ein Mädchen haben, doch jetzt freute ich mich über meinen Sohn. Gott geht nicht immer die bequemsten Wege mit mir, und ich konnte ihn zur damaligen Zeit nicht sehen. Aber wenn ich zurückblicke, erkenne ich, wo Gott mich getragen hat. Ich bemerke, wie Menschen an meiner Seite zur richtigen Zeit die richtigen Worte hatten. Gott hat mir Eltern an die Seite gestellt, die mir die Geborgenheit geben konnten, durch die ich wieder Vertrauen lernen konnte. Zu Beginn meines Weges empfand ich Dunkelheit, durch die ich Gott nicht wahrnehmen konnte. Aus heutiger Sicht weiß ich: Gott wirkt Wunder. Deshalb möchte ich allen, die Missbrauch erlebt haben, Hoffnung machen: Gebt nicht auf. Macht euch auf den Weg. Mit Gottes Hilfe ist es zu schaffen!

Heute ist Ines immer noch mit Jerry glücklich verheiratet. Sie haben zwei Jungen im Alter von acht und fünf Jahren. Im Mühlan Clan gehört sie zu den Fröhlichsten und Zuversichtlichsten und wird häufig um Rat angefragt.

Für uns Eltern war es damals eine der dunkelsten Zeiten unseres Lebens, und wir preisen Gott für diesen Mut machenden Ausgang.

Im Nachhinein hat sich Claudia intensiv mit dem Thema „Sexueller Missbrauch" befasst und kann Eltern wichtige Hinweise geben, wie Kinder davor bewahrt bleiben können.

Zur Vertiefung:

Mühlan-Seminar auf CD oder als MP3: *Sexueller Missbrauch – wie schütze ich mein Kind?*, CD1331, www.muehlan-mediendienst.de.

„Meine Eltern haben anderen Menschen nie zugestanden, persönliche Details aus meiner Vergangenheit zu erfahren..."

Ein Bericht von Britta, (damals 32 Jahre alt)

Da sitze ich nun auf dem Sofa. Es ist so aufregend und spannend. Meine Eltern sitzen mir gegenüber. Sie schauen mich an, sie hören mir zu. Alle Aufmerksamkeit ist auf mich gerichtet, und sie haben Zeit. Zeit mir zuzuhören, mitzuempfinden, und sie wollen mich verstehen.

Auf diesen Zeitpunkt habe ich lange gewartet, sehr lange. Immer noch fühle ich mich in vielen Situationen wie ein Kind. Zweiunddreißig Jahre bin ich mittlerweile alt und trotzdem schaue ich auf zu meinen Eltern und frage mich, was sie jetzt wohl denken, wie sie entscheiden, was sie aus dieser Begegnung machen werden?

Die Erinnerungen aus meiner Kindheit prägen mein jetziges Leben und lassen mich immer noch hin- und herschwanken zwischen Gefühlen von Geborgenheit und Liebe und der Ungewissheit, ob ich wohl lieb und gehorsam genug bin. Zwiespältige Gefühle gehen mir dort auf dem Sofa durch den Sinn und meine Gedanken wandern zurück in meine Kindheit:

Viele Menschen, die uns damals besuchten, bewunderten unser gemütliches und ordentliches Zuhause. Oftmals kam ganz verwundert die Frage: „Ist es hier immer so friedlich? Wo sind denn die ganzen Kinder?"

Ich war stolz darauf, dass wir stets gern gesehene Gäste waren und meine Eltern mit uns fast überall hingehen konnten. Ich erinnere mich an die vielen christlichen Veranstaltungen, die ich geliebt habe. Mein Vater saß vorne mit den anderen Verantwortlichen auf der Bühne. Wir Kinder saßen bei unserer Mutter in einer Reihe.

Wenn dann der Lobpreis begann und die Menschen sich von ihren Plätzen erhoben, machten wir gerne mit. Im Gottesdienst kam ich niemals auf die Idee, herumzutoben oder sonst wie aufzufallen. Wir fielen aber trotzdem auf, denn Papa stand vorne auf der Bühne und an seinem fröhlichen Blick erkannte ich: „Trau dich ruhig. Komm, wenn du willst!" Einige meiner Geschwister bemerkten ebenso diesen schelmischen Blick und rannten mit mir nach vorn.

Mein Vater empfing uns mit offenen Armen, und wir tanzten gemeinsam auf der Bühne. Eine kleine Aufforderung genügte und glücklich flitzten wir zu unseren Plätzen zurück. In meinem Herzen sang es: „Welcher Papa macht schon etwas so Tolles mit seinen Kindern wie meiner?"

Nach den Veranstaltungen kam es manchmal vor, dass meine Mutter gefragt wurde: „So viele Kinder, ach sind die niedlich. Wer sind denn nun die Richtigen?"

Ich kleines Mädchen dachte, wie kann man nur so etwas Peinliches fragen? Ich hätte im Boden versinken können. Aber souverän und keine Widerrede duldend entgegnete Mama: „Also, wir sind alle eine Familie. Alle Kinder sagen Mama und Papa zu uns. Sie gehören alle zu uns!"

Ich hatte in meinem Leben niemals das Gefühl, als angenommenes Kind weniger wert oder weniger geliebt zu sein. Wenn ich meine Gedanken zurückschweifen lasse, dann sind da die Oasen völligen Glücks. Wie habe ich die vielen traumhaften Urlaube genossen! Wir campten mit Wohnwagen und Zelten, erkundeten die Natur und konnten uns so richtig austoben.

Mama hatte uns Kapuzenponchos genäht, in denen wir wie kleine Zwerge aussahen. Im Wald suchten wir uns oft dicht zusammenstehende Fichten, zwischen die wir Zweige und Äste klemmten. So entstand eine Wohnung mit vielen Räumen, in denen wir - die Zeit total vergessend – „Zwergenwald" spielten.

Einmal durften wir mit unserem großen Bernhardiner dort sogar übernachten, obwohl der Wald in einiger Entfernung vom Wohnwagen lag. Als mein Vater mit der Taschenlampe herumleuchtend spätabends noch einmal nach dem rechten sah, zeigte sich dann doch, wer Angst hatte und lieber wieder seine Sachen packte.

Die Urlaube in Schweden waren ein Traum. Mit sechs Jahren lernte ich, ganz allein ein kleines Lagerfeuer zu machen. Jeder von uns hockte vor seinem eigenen Werk. Natürlich brannte nur dessen Feuer als erstes und am besten, der auch die Regeln beachtete. Hatte ich genügend Reisig gesammelt und dünnes Holz drunter gelegt, dann war ich die Beste.

Stundenlang fuhren wir mit dem Boot zum Angeln raus. Wir ruderten zu den einsamen kleinen Inseln, erforschten sie und durften sogar manchmal dort schlafen. Was trauten uns unsere Eltern doch alles zu! Wir konnten unsere eigenen Grenzen testen und manches Risiko eingehen. Angst kannte ich keine!

Meine Eltern lebten uns vor, zügig und gut gelaunt zu arbeiten. Die Arbeit musste erledigt werden, warum also nicht gleich fröhlich? Wir hatten zu Hause aber auch viel zu tun. Ich lernte Obst zu Marmelade, Kompott und Saft zu verarbeiten. Ich rupfte Hühner, Enten und Gänse. Im Herbst wurde Holz gesammelt und gehackt. Im Stapeln war ich besonders gut und tat es auch liebend gern.

Nach solchen intensiven Arbeitseinsätzen gab es stets zünftige Erntedankfeste. Dann wurden in Gemeinschaftsarbeit viele Bleche mit Pizza belegt oder Hamburger beschichtet. Abends saßen wir anschließend im Wohnzimmer und schauten uns Dias oder Filme von früher an. Dabei wurde viel gelacht und Spaß gemacht, die Kleinen kuschelten sich bei den Großen ein und Papa erzählte, erzählte, erzählte ...

Manche mögen es mir fast nicht abnehmen wollen, aber Zeit gab es in meinen Augen bei uns unbegrenzt. Jede Woche hatten wir einen Familiennachmittag. Wir fuhren ins Badeparadies, im Sommer in alle möglichen Freizeitparks, wir machten Wanderungen und unternahmen Fahrradtouren.

Jeden Abend freute ich mich auf die Gutenachtrunde, bei der wir Lieder sangen und miteinander beteten. Später gab es morgens beim gemeinsamen Frühstück eine kurze Andacht. Immer wieder wechselte die Form. Manchmal las der „Küchendienst" eine Bibelstelle vor und erläuterte sie anschließend.

In der Schule hatte ich keine Schwierigkeiten, meinen Glauben zu leben und zu bekennen. Warum auch? Das Leben meiner Klassenkameraden und ihre Art von Zeitvertreib und Hobbys waren für mich nicht einladend. Und wenn ich Klassenkameraden mit nach Hause nahm, wurde ich oftmals beneidet.

Die Werte, die meine Eltern mir mit auf den Weg gaben, lebten sie mir vor. Ich musste mich nicht irgendwie christlich verhalten, sondern es war ganz natürlich, einen freundlichen Umgangston zu wahren, vom Überfluss abzugeben und zu teilen. Bei allem finde ist es total bewundernswert, wie die Waage gehalten und nicht übertrieben wurde.

Es gab eine ausgewogene und gesunde Ernährung und nachmittags ein paar Süßigkeiten. Fernsehen hatten wir nicht, es gab ja auch so genug zu erleben. Damit wir aber von Zeit zu Zeit einen Film ansehen konnten, hatten wir einen Fernseher ohne Empfangsteil und viele tolle Videos.

Natürlich musste Ordnung gehalten werden, aber das Äußerliche wurde nicht zum Lebensinhalt.

Eigentlich mussten meine Eltern nie sehr viel schimpfen. Wir kannten klare Regeln und wussten, wo die Grenzen lagen. Wenn meine Mutter etwas anordnete, wagte ich nicht mit ihr zu diskutieren, zu jammern oder ihre Anweisung anzuzweifeln. Ich habe nie erlebt, dass meine Eltern sich laut gestritten oder über andere negativ geredet haben. In meiner Familie gab es einen Umgangston, der Aggressionen nicht zuließ.

Ich stritt mich zwar mit meinen Geschwistern, aber es gab verbale Grenzen und wir schlugen einander nicht. Wurde ein Streit dennoch zu deftig, zog ich mich lieber zurück, denn ich wollte keinen Ärger bekommen. Mein Vater war mit seiner Autorität sowieso der Stärkere. Lag Spannung in der Luft, weil ein Geschwisterkind etwas angestellt hatte, machte ich mich ganz klein und bemühte mich erst recht, alles richtig zu machen.

Da war aber auch eine Sehnsucht in mir, meine Gefühle in Worte zu fassen und nicht immer beherrscht sein zu müssen. Ich hätte gern einmal meine Wut rausgelassen oder gesagt, was ich ungerecht fand, besonders von einigen Geschwistern. Aber ich traute mich nicht, das zu sagen oder gar meinen Eltern zu widersprechen. Ich hatte nicht genug Stärke, meine eigene Meinung gegen ihre Meinung zu stellen. So habe ich viele Gefühle, manche Ungerechtigkeiten unter uns Kindern und auch Verletzungen in mich hineingefressen und mich dabei zunehmend einsam und unverstanden gefühlt. Warum habe ich nicht einfach meinen Schmerz zugelassen und hinausgeschrien? Wieder war da die Angst, damit etwas Verbotenes zu tun, die Geborgenheit meiner Familie zu verlieren.

Als Kind empfand ich den vorgegebenen Rahmen von Ordnung, Regeln und Gehorsam meistens als eine Sicherheit. Aber als ich ein Teenager wurde, fühlte ich mich zeitweise sehr stark eingeengt. Immer noch gab es pünktliche Zubettgehzeiten, zu denen immer Ruhe sein musste, und es war nicht einfach, abends zu einer christlichen Veranstaltung gehen zu dürfen. Ich war dann immer ganz niedergeschlagen, wenn ich nicht durfte, nur damit ich pünktlich im Bett war.

Wir unternahmen als Familie zwar viele schöne Dinge, aber darüber hinaus hatte ich nur wenig Kontakte und Freundinnen. Ich hätte gern ein Hobby gehabt, aber traute mich nicht danach zu fragen. Und ich fühlte mich ständig wie ein kleines Kind behandelt und schwamm im Familienstrom mit, weil es so erwartet wurde.

Zu dieser Zeit hatten meine Eltern viel Kummer mit einem Pflegekind, was die ganze Familienstimmung niederdrückte. Außerdem forderten meine jüngeren Geschwister sehr viel Kraft und Aufmerksamkeit von ihnen. Also zog ich mich zurück und machte vieles mit mir selbst aus.

Ich wollte einfach alles recht machen und bloß nicht durch Aufbegehren den Unmut meiner Eltern heraufbeschwören. Zu viel Nähe zu meinen Eltern blockte ich langsam ab und wartete darauf, erwachsen zu werden, um meine eigenen Entscheidungen treffen zu können. Meine Eltern merkten davon nichts.

Zu einem gewissen Grad konnte ich mit ihnen zwar tiefe Gespräche führen, die mir Nähe und Angenommen Sein vermittelten. Aber über meine Zweifel, meine Unzufriedenheit und verborgenen Sehnsüchte schwieg ich mich aus. Ich wusste ja, welche klaren Standpunkte meine Eltern vertraten und meinte, da gäbe es nichts zu diskutieren. Meine Sehnsucht nach Harmonie und Familienfrieden war so tief in mir verwurzelt, dass ich es nicht gewagt hätte, an irgendetwas Kritik zu äußern.

Doch Gott habe ich meine inneren Nöte immer bringen können, und ich wusste, irgendwann werde ich einmal darüber sprechen können – und nicht abgelehnt werden!

Ganz still und leise verabschiedete ich mich als Jugendliche von meiner Familie und blieb doch Gefangene meiner Gefühle. Mit 17 Jahren ging ich für ein Jahr nach Israel – meinen Eltern habe ich es hoch angerechnet, dass sie mich darin unterstützt haben. Ich hatte einfach die Sehnsucht, allein zu sein, zur Ruhe zu finden, meine Entscheidungen selbst zu treffen.

Als ich dann wieder nach Hause kam und meine jüngsten Geschwister beobachtete, wie sie unbefangen und frei aufwuchsen, wurde mir mein innerer

Schmerz umso mehr bewusst. Wie kontrolliert und wohldosiert ich doch meine Worte und Gefühle in Watte packte! Ruhelos wie ich war, engagierte ich mich bei einem Missionsprojekt in Pakistan, um dort Gott zu dienen und traf später aus Schmerz und Verzweiflung heraus folgenschwere Entscheidungen.

Mein Leben war von Anfang an unruhig und nicht vorhersehbar. Meine biologischen Eltern, selbst auf der Suche nach Selbstverwirklichung und dem Sinn des Lebens, konnten ihrer Tochter nicht das geben, wonach sie sich sehnte. Ich sehe mich immer noch da stehen, ein kleines Mädchen von zweieinhalb Jahren: Mit meinem Stoffhund im Arm schaute ich fragend in die Welt. Ich wusste nicht, wo mein Platz war. Gab es ein Zuhause oder war ich nur auf dem Weg irgendwohin? Sollte dieses kleine Mädchen einen Ort finden, wo liebende Arme ihm Sicherheit und Zugehörigkeit geben werden?

Nun sitze ich also hier und schaue in die Augen meiner Eltern, die mich vor dreißig Jahren in ihre Arme geschlossen und mir ein Zuhause gegeben haben. Da ist diese Liebe, bedingungslos und voller Wärme, so wie nur Eltern ihre Kinder lieben können. Ich sehe aber auch Traurigkeit und Schmerz. Ich bin ihre Tochter und es ist hart, mir zuzuhören.

Nun kann ich endlich alle aufgestauten Gefühle, meine Verletzungen und die empfundenen Ungerechtigkeiten aussprechen - und werde dabei nicht abgelehnt. Ich bleibe ihre geliebte Tochter. Alle inneren Zwänge und Fesseln fallen von mir ab.

Meine Eltern bitten mich um Entschuldigung für ihre Versäumnisse. Und ich begreife, auch meine Eltern haben Fehler gemacht. Ich muss sie nicht vor anderen verteidigen, um ihre Liebe zu behalten. Wir liegen uns in den Armen und weinen.

Tage später wird mir bewusst: Das kleine Mädchen in mir muss nicht mehr im Schmerz zurückzuschauen. Ich bin nicht mehr hin- und hergerissen zwischen den vielen Erinnerungen. Ich löse mich von den Zwängen meiner Kindheit und werde endlich in meinem Denken und Handeln selbständig.

Ich bin erwachsen geworden und schaue nach vorn. All das Wunderschöne und Traumhafte, was meine Erinnerungen mir wiedergeben, kann ich genießen.

Ich liebe das Leben aus dieser neuen Perspektive. Es ist ein unbeschreibliches Gefühl, befreit und glücklich zu sein.

Eins ist mir noch wichtig zu sagen: Ich habe in der Vergangenheit förmlich die neugierigen Blicke gespürt und bin auch oft genug unverblümt gefragt worden, ob denn in unserer Familie alles nur bilderbuchmäßig abgelaufen sei. Viele Menschen wollten erfahren, was bei uns alles schief gelaufen ist.

Doch meine Privatsphäre wurde stets geachtet und meine Eltern haben anderen Menschen nie zugestanden, persönliche Details aus meiner Vergangenheit zu erfahren. Dafür bin ich ihnen sehr dankbar. Es war immer ein gewisser Schutz, der mich so sein lassen konnte, wie mir zumute war.

Jetzt habe ich meine Gefühle preisgegeben. Ich habe mich selbst geprüft und empfinde nun, dass in meinem Leben etwas Neues beginnen wird.

Als erwachsene Frau kann ich meinen sechs Kindern warmherzige und aufrichtige Liebe geben. Wenn ich sie nicht selbst erfahren hätte, würde ich dazu kaum imstande sein.

Schaue ich auf mein Leben zurück, so erfüllt mich Dankbarkeit und Frieden. Vieles hat seine Zeit gebraucht. Nun ist die Zeit da, in der ich die guten Früchte meiner Vergangenheit intensiver genießen und weitergeben kann. Ich bin zurückgekehrt an den Ort, wo ich Liebe, Freude und Frieden erfahre.

Zukunftswerkstatt Familie – worauf kommt es wirklich an?

In der Familie werden Kinder auf ein eigenständiges Leben vorbereitet. Sie ist die Werkstatt, in der an ihrer Zukunft geschmiedet wird. Mit den dort empfangenen Werkzeugen zum Denken und Handeln werden sie ihr Leben gestalten. Mit der dort erworbenen Geborgenheit und Sicherheit werden sie Beziehungen knüpfen und erhalten können.

Wir haben für uns persönlich die vergangenen mehr als dreißig Erziehungsjahre ausgewertet, uns die Früchte – positiv wie negativ - vor Augen gemalt. Dabei schauen wir nicht nur auf unsere Familie, sondern auch auf unzählige andere Familien, die wir beobachtet und beraten haben.

Worauf kommt es wirklich an? Was gehört unbedingt dazu, damit Kinder zuversichtlich heranwachsen und als starke Persönlichkeiten unsere christlichen Gemeinden und unsere Gesellschaft gestalten können?

Persönlichkeitsentwicklung ist kompliziert und nicht vorhersehbar. Zu viele Faktoren spielen eine Rolle. Wir haben das Ergebnis wirklich nicht in der Hand! Aber wenn die folgenden Dinge in einer Familie fehlen, haben Kinder ganz schlechte Karten für eine erfolgreiche Gestaltung ihrer Zukunft:

- Familiäre Geborgenheit

- Stärkung von Selbstvertrauen und Selbstwertgefühl

- Echtes Wahrnehmen und Ausdrücken von Gefühlen

- Anleitung zu Eigenständigkeit und Kompetenz

- Inspiration zu einem authentischen christlichen Lebensstil

Diese fünf Punkte finden Sie auch in den drei Etagen des Familienhauses wieder.

Familiäre Geborgenheit

Eine tief verwurzelte Urgeborgenheit in der Seele eines Kleinkindes, ein sicheres Zugehörigkeitsgefühl, das auch bleibt, wenn es Auseinandersetzungen gibt, das Empfinden einer Liebe, die sich nicht an Bedingungen knüpft – all dies gehört zu den kostbarsten Schätzen, die man einem Kind mit auf seinen Lebensweg geben kann.

Aber wer kann das schon ausreichend verwirklichen? Kaum ein Mensch, nur Gott unser Vater! Wir Eltern bringen unser eigenes, manchmal schweres Päckchen aus unserer Ursprungsfamilie mit, leiden unter unseren Unzulänglichkeiten und teilen viel zu häufig seelische Verletzungen an unsere Kinder aus.

Dennoch sehnen wir uns von Herzen danach, diese Schätze in die Herzen unserer Kinder zu pflanzen. Und diese Sehnsucht will Gott unterstützen! Je inniger wir selbst mit Gott, unserem Vater, leben, die Kind-Vater-Beziehung zu ihm suchen und vertiefen, umso näher werden wir dem Ziel kommen.

Es gehören aber auch ganz praktische Dinge dazu. In unserem Familien-Handbuch[14] lesen Sie von den drei wichtigen „Z", die jede Familie braucht, um eine gute Familienatmosphäre zu schaffen: Zeit – Zuwendung – zündende Ideen!

Darum haben wir uns von Anfang an bemüht, und trotzdem hatte ich zwischendurch immer wieder ein schlechtes Gewissen und den Eindruck, nicht genügend Zeit für die Kinder gehabt zu haben.

---

[14] Claudia und Eberhard Mühlan, „Das große Familien-Handbuch", Schulte & Gerth, 1996, S. 44.

Ich konnte es kaum glauben, als meine Großen bei der Auswertung ihrer Kindheit übereinstimmend schrieben, ihr Papa hätte genug Zeit gehabt. Ich meinte immer, meine Kinder würden mir einmal vorwerfen, ich hätte mich ihnen letztlich doch zu wenig gewidmet. So wie es leider vielen beruflich stark engagierten Männern und Frauen geht. Es gab schließlich auch Zeiten, da war ich in jeder Woche für einige Tage und Nächte unterwegs und zu Hause sehr stark im Büro eingespannt.

Wie kann dann ein Kind behaupten *„In meinen Augen gab es in unserer Familie unbegrenzt Zeit?"*

Es kann nicht nur an der Quantität, sondern muss auch an der Qualität der Zeit liegen, die man miteinander verbringt und vor allem an der Atmosphäre des Zusammenlebens. Das kann ein wichtiger Hinweis sein für die, die sich zeitlich stark unter Druck fühlen.

Ich habe bei meinen Kindern noch einmal genau nachgefragt, was in ihnen dieses Gefühl des unbegrenzten Zeithabens bewirkt hat:

„Wenn wir aus der Schule kamen, ging unser Weg am Fenster deines Arbeitszimmers im Kellergeschoss vorbei. Du hast uns immer zugewinkt, und dann sind wir schnell zu dir reingeflitzt. Du hast alles zur Seite gelegt, uns auf den Schoß genommen und einige Minuten mit uns geschmust und uns zugehört."

Nun gut, das war natürlich nur an den Tagen möglich, an denen ich auch zu Hause arbeitete. Dann konnte ich auch bei den Mahlzeiten dabei sein, die als Gesprächs-Oasen genossen wurden.

„Aber du hast uns auch immer angeboten, bei Erledigungen bei der Bank oder Post und bei Einkäufen mitzukommen. Ich erinnere mich, wie du mich als Kleinkind auf den Tresen der Bank gesetzt und stolz verkündet hast, ich sei deine kleine Sekretärin und würde dich immer begleiten. Da habe ich mich aber gut gefühlt!"

„Wenn du mit mir Englisch oder Deutsch üben musstest, weil ich in den Noten abgesackt war, dann war das keine Strafe für mich. Ich habe mich dann

bei dir eingekuschelt und du hast Späße gemacht, zum Beispiel: Küsschen bei richtig und in die Nase kneifen bei falsch."

„Bei Mama war es immer ganz toll, wenn sie allein mit einem Kind in die Stadt gegangen ist und uns vor allem beim Ausgeben unseres Bekleidungsgeldes beraten hat. Wenn sie dann auch noch ganz unerwartet etwas dazugegeben hat, waren wir überglücklich."

Es sind also nicht immer nur die großen Ereignisse, die zählen, sondern gerade die kleinen Begebenheiten, das Fluidum, das man verbreitet, die Aufmerksamkeit, die man schenkt! Typ gemäß fällt dies dem einen leichter und einem anderen schwerer. Aber wenn man nur will, kann jeder dazu lernen!

„Liebe macht erfinderisch" ist uns ein wichtiges Sprichwort geworden. Wenn man sich bewusst für eine Familie entschieden hat, Prioritäten setzen will und sich auf seine Kinder freut, dann kann man auch erfinderisch werden...

Kinder lieben Gags und Späße. Solche Kindheitserfahrungen werden nie vergessen! Sie sind wie Pluspunkte, die man bei ihnen sammelt und die später, wenn es in den Teenagerjahren kriselt und kracht, helfen, doch noch zusammenzustehen.

Ich kann mich nur an ein einziges Mal erinnern, wie meine Mutter mit mir als kleinem Jungen eine Kissenschlacht gemacht hat. Und was habe ich mich nach einer Wiederholung gesehnt – leider vergeblich!

Wir müssen uns heute viele unserer Gags von unseren Kindern erzählen lassen, weil wir sie teilweise vergessen haben.

„Also, Papa, beim Brötchenbacken in der Küche hast du die Teigbällchen hoch geworfen und natürlich auch mal an die Decke. Mama hat dann immer ganz entsetzt getan."

„Beim Nachhause fahren der Gäste nach dem Kindergeburtstag hast du immer im Auto ganz viel Quatsch gemacht. Wir haben geschrien vor Lachen. Was haben mich meine Freunde um meinen lustigen Papa beneidet."

Nun gut, ich gebe zu, dass Spaßmachen einfach zu meinem Leben gehört, und ich manchmal kaum zu bremsen bin. Aber auch Sie können durchaus auf Ihre eigene Art zu einigen unvergesslichen Erfahrungen für Ihr Familienleben beitragen.

Brötchen an der Decke
von Britta

Papa, der probiert gerne neue Sachen aus. Er war immer schnell in Aktion, wenn ihn etwas Neues begeisterte. Dann kam die Sache mit dem Brötchenbacken. Papa schrie aufgeregt durchs Haus, dass er jetzt Brötchen backen wird. Brötchen vom selbstgemahlenen Mehl und Sauerteig – meine Güte! Man kannte die Stimme und auch eine gewisse Aufregung, wenn etwas Neues geschah!

Mama saß im Schaukelstuhl nebenan und machte ihre Pause. Papa knetete den Teig zu kleinen, runden Bällchen und warf sie in die Luft. Dabei erklärte er: „Die müssen geknetet und dann geworfen werden", und er warf sie in die Luft. „Die brauchen Luft, um schön locker zu werden!" Und aus Versehen landete ein Wurfgeschoß an der Fensterscheibe. Wir Kinder lachten. Das war eine Show! Da merkte Papa wohl auch, wie viel Freude Brötchenbacken machen kann. „Oh, was ist denn da passiert? Na, du Brötchen, wirst du wohl hier bleiben?" Und schon landete wieder eines an der Fensterscheibe und blieb hängen. Immer schneller kamen neue Teigbällchen hinzu, alle flogen herunter und Papa rannte durch die Küche, um neue Brötchen an die Scheibe zu knallen, und dann bot sich auch die Decke an. Denn in dem ganzen RambaZamba hatte er ordentlich Schwung drauf, guckte nach oben und schoss genau in die Richtung. Wir Kinder kreischten und brüllten vor Lachen. Wir hüpften und jemand lugte um die Ecke, wo Mama saß und Papa hielt den Zeigefinger vor den Mund: „Pssst!"

Kindheitserinnerungen
von Marie

Es gibt viele kleine Geschichtchen aus meiner Kindheit, an die ich mich besonders gut erinnern kann. Die meisten handeln von Geborgenheit und Vertrauen. Du, Mama, hast mir meistens die Haare geföhnt, wenn ich gebadet hatte. Ich stand dann da im Schlafanzug, habe gezittert vor Kälte und du hast mich geföhnt. Besonders habe ich es geliebt, wenn du mir dann mit dem Föhn in den Schlafanzug gepustet hast, weil es dann so schön warm wurde.

Mama hat eine Zeitlang Porzellanpuppen gesammelt. Auf mich wirkten sie immer sehr zerbrechlich und wunderschön! Wie gerne hätte ich mit ihnen in meiner Puppenküche gespielt! Sie sahen viel echter aus als meine Puppen. Also faste ich mir ein Herz und fragte Mama, ob ich mit diesen – in meinen Augen - äußerst wertvollen Puppen spielen dürfte. Sie sagte „JA", und ich war so stolz, dass Mama mir vertraute, dass ich gut aufpasse.

Es gab Zeiten, da wollte ich Bäckerin werden. Mit meiner Freundin Annika wollte ich das tüchtig üben. Mama stellte uns mit unseren sechs / sieben Jahren immer ihre Küche zur Verfügung – frei nach dem Motto: „ Wenn sie danach besser aussieht als vorher!" Doch als wir anfangen wollten, die Backwaren an Mama und Papa zu verkaufen, wies Mama uns darauf hin, dass sie die Zutaten sowieso bezahlt hätte und wir dann ja auch Miete für die Küche zahlen müssten.

Wenn wir abends als Familie so im Wohnzimmer saßen, wurde sehr oft entweder von vergangenen Urlauben geredet oder ein neuer geplant. Irgendwann kam dann der Moment, wo wir mit unseren Erinnerungen durcheinander kamen und nicht mehr genau zuordnen konnten, was wann wo geschah. Papa sagte dann immer: „Ach, Schatz, schau doch mal im Reisetagebuch nach!". Ich liebte es so sehr, wenn wir so beisammen saßen, Mama vorlas und Papa sich mit den Händen auf die Oberschenkel schlug und rief: „Achja, da war das?!"

Wenn es darum ging, das Kinder- oder Jugendzimmer umzuräumen bzw. neu einzurichten, war Mama immer ganz vorne dabei. Schnell wurde der Zollstock gezückt (ich bin der festen Überzeugung, dass Mama und Papa in jedem Raum einen versteckt hatten – oder was sollte sonst ein Zollstock in der Küchen-

schublade?) – und das Zimmer wurde ausgemessen, Vorschläge ausgetauscht.
Wenn Papa dann mit blauer Latzhose und Akkubohrer ankam, konnte es
richtig losgehen.

Stärkung von Selbstvertrauen und Selbstwertgefühl

Selbstvertrauen und ein gesundes Selbstwertgefühl gehören mit zu
den wertvollsten Dingen, die man einem Kind mit auf den Lebensweg geben kann. Ein Mensch mit einem positiven Selbstwertgefühl
kommt einfach besser durchs Leben als jemand voller Minderwer-
tigkeitsgefühle.

Besitzen Sie ein hohes Selbstwertgefühl, dann haben Sie eine positive, aber auch realistische Sicht von sich selbst, eine Zuversicht,
die Ihnen ermöglicht, voran zu kommen und selbst mit Fehlschlägen
fertig zu werden. Sie wissen, dass Sie geliebt und etwas wert sind. Sie
können sich selbst annehmen, so wie Gott Sie geschaffen hat und
sich über das freuen, was er in Ihrem Leben tut.

Eine Strategie zur Stärkung des Selbstwertgefühls von Kindern
haben wir in unserem „Familien-Handbuch"[15] detailliert beschrieben. Auch wie persönliche Begabungen erkannt werden und Schwächen durch die Förderung von Stärken kompensiert werden können.

Der Vergleich mit den drei Farben einer Verkehrsampel ist dabei
sehr hilfreich: „Das grüne Licht symbolisiert die Fähigkeiten eines
Kindes. In diesen Bereichen ist es motiviert, es hat Erfolg und Freude. Die gelben und die roten Lichter stehen für seine begrenzten
Talente. Im Gelb-Bereich kann es mithalten, jedoch nur durch-
schnittlich. Rot sind Gebiete, in denen es weder Freude noch Erfolg
hat. Zur Erziehungsaufgabe gehört es nun, zu erkennen, wo die ro-

---

[15] Claudia und Eberhard Mühlan, „Das große Familien-Handbuch", Schulte &
Gerth, 1996, S. 70.

ten, gelben und grünen Bereiche eines Kindes zu finden sind, und es entsprechend zu fördern!"[16]

Das alles zu lesen und theoretisch zu wissen ist eine Sache, es dann aber wirklich umsetzen zu können wiederum eine andere. Die eigene Persönlichkeitsstruktur und der eigene Familienhintergrund spielen dabei eine große Rolle. Anerkennung aussprechen und ermutigen, ist zum Beispiel etwas, was mir liegt, es gehört mit zu meinen Persönlichkeitsstärken. Claudia hat damit mehr zu kämpfen und musste das erst einmal lernen. Sie ist mit der Einstellung aufgewachsen: „Nichts gesagt, ist schon genug gelobt!"

Bezeichnenderweise sagen einige Kinder: „*Wenn wir gelobt werden wollten, sind wir meistens zu Papa gegangen, und wenn wir etwas diskutieren wollten, zu Mama.*"

Wenn auch Ihnen das Weitergeben von Anerkennung und Ermutigung nicht leicht fällt, Sie es immer wieder vergessen und eher die Versäumnisse Ihrer Kinder sehen und ansprechen, dann müssen Sie sich unbedingt in diesem Bereich schulen!

Ein „Positiv-Tagebuch" ist dabei eine großartige Hilfe. Wenn Sie einen Terminplaner haben, dann tragen Sie sich dort jeden Abend ein, wann und wie Sie an diesem Tag Ihr Kind konkret ermutigt haben. Mag sein, dass Sie in den ersten Tagen sehr wenig einzutragen haben oder sogar einen Strich machen müssen. Aber nach einiger Zeit sind Sie so auf „Hab acht" (Sie wollen sich ja auch nicht blamieren), dass Sie bewusster durch den Tag gehen und es doch schaffen, Ihrem Kind die Anerkennung zuzusprechen, die es unbedingt benötigt.

Halten Sie sich immer vor Augen: Lob und Ermutigung müssen im Alltag im Vergleich zu Tadel und Kritik unbedingt überwiegen! Fachleute sprechen davon, dass auf einen Tadel mindestens drei konkrete Ermutigungen kommen sollten.

---

[16] Claudia und Eberhard Mühlan, ebd. S. 170.

Ein Kind kann sich nur dann selbst vertrauen, wenn ihm Vertrauen zugesprochen und etwas zugetraut wird! Es kann sich nur dann wertvoll fühlen, wenn ihm das immer wieder gesagt und gezeigt wird.

Leider beobachten wir viele Kinder, die sich einfach zu wenig zutrauen und sich für nicht wertvoll erachten. Oft haben Eltern hier etwas versäumt, was sich auf das ganze Leben der Kinder negativ auswirken wird. Im Grundschulalter fällt es oftmals noch nicht so stark auf, in den Teenagerjahren jedoch umso mehr. Ein Teenager ohne ein gesundes Selbstvertrauen wird eher in der Masse mitlaufen, keine eigene Überzeugungen entwickeln und schlechter Nein sagen können, wenn es um Verführungen wie Nikotin, Alkohol und Sex geht!

Kinder entwickeln Selbstvertrauen und Eigenständigkeit, wenn wir ihnen etwas zutrauen! Wenn unsere Kinder an ihre frühe Kindheit zurückdenken, dann sagen sie: *„Wir durften unsere eigenen Grenzen testen! Mama und Papa trauten uns etwas zu!"*

Claudia: Mit dem Älterwerden der Kinder und dem Schrumpfen der Anzahl im Haus, konnte ich Eberhard mehr und mehr auf Vortragsreisen begleiten und auch meinen Part beim Referieren übernehmen. Natürlich blieben wir während unserer Abwesenheit immer telefonisch in Kontakt mit ihnen.

Inzwischen sind nur noch drei im Haus: die Jüngste, mit zwölf Jahren, in guter Obhut mit der Fünfzehnjährigen und der Ältesten, die mit ihren achtzehn Jahren sogar schon einen Führerschein hat. Dafür darf sie auch Chauffeur der jüngeren Schwestern sein. Ich mache meinen Routineanruf: „Mirke, hast du wie abgesprochen deine kleine Schwester mit dem Auto zu ihrer Freundin gebracht? Ist alles gut gegangen?"

„Nö", antwortet sie, „ach, die ist mit ihrem Fahrrad gefahren."

„Was? Wie?", mir bleibt vor Schrecken die Luft weg. Nun ist die Strecke zu ihrer Freundin nicht gefährlich, aber äußerst kompliziert durch zig Straßen mit vielen Abweichungen.

„Weißt du, Mama", erwiderte Mirke gelassen. „Sie hat sich das zugetraut, und wir haben ihr das zugetraut. Das reicht doch. So sagt ihr es doch immer, oder? Außerdem haben wir ihre eine gute Wegbeschreibung mitgegeben.

Zuhause ließ ich mir diesen Plan zeigen. Das waren zwei DinA4 Blätter quer aneinandergeklebt. Und die kleine Marie war mächtig stolz, dass ihr das zugetraut worden war und sie es geschafft hatte. Tja, da bekamen wir die Früchte unserer eigenen Sprüche zu spüren.

Esther wollte mit zwölf Jahren unbedingt an einem Missionseinsatz in Albanien mit einem Team der King's Kids teilnehmen - ganz allein ohne Geschwister. Mit bangem Herzen stimmten wir zu. Nach ihren Worten bestätigte und prägte sie dieser Einsatz in ihrem Wunsch „Missionarin" zu werden so sehr, dass sie nach dem Abitur für ein Jahr nach Asien ging und das Thema Mission nach wie vor in ihrem Herzen brennt.

Berücksichtigen Sie im Umgang mit Ihren Kindern bitte das Phänomen selbsterfüllender Voraussagen: Die Einstellung, Kinder könnten sich nicht verantwortlich verhalten, bringt in der Tat unverantwortliche Kinder hervor.

Wenn Eltern häufig Sätze äußern, wie: „Pass, bloß auf!", „Das muss ja schief gehen!", „Hast du wirklich nichts vergessen?", „Du bist aber auch ein Dummkopf!" – dann beeinflussen diese Botschaften ein Kind negativ in seinem Selbstvertrauen und seiner Kompetenz und es verhält sich dann auch dementsprechend.

Umgekehrt entscheiden Kinder sich wesentlich verantwortungsbewusster, wenn ihnen häufig zugesprochen wird: „Das trau ich dir zu!", „Wag es ruhig! Ich helfe dir gern, wenn du nicht weiter kommst!", „Klasse, wie du das hinbekommen hast!", „Ich bin stolz auf dich!"

Um ein gesundes Selbstwertgefühl aufzubauen, ist es hilfreich, sich mit den verschiedenen Persönlichkeitstypen und –unterschieden zu befassen. Ein junger Teenager auf der Suche nach seiner Identität möchte unbedingt wissen: „Wer bin ich?" „Was kann ich?" „Worin bin ich einzigartig?"

Unser Sohn Chris erwähnte, wie ihm unsere Gespräche über die Persönlichkeitsunterschiede und das Durcharbeiten von Persönlichkeitstests enorm zu seiner Identitätsfindung verholfen haben. In vielen tief schürfenden Gesprächen bemühten wir uns, unsere Kinder darin zu beraten, ihre Begabungen zu entdecken. Immer wieder haben wir ihnen zu diesem Thema Bücher empfohlen und ihnen zugesteckt.

Einmal saßen wir auf der Terrasse zusammen. Unsere fünfzehnjährige Tochter lief ganz aufgelöst hin und her: „Mama, Papa, wer bin ich eigentlich? Ich weiß gar nicht richtig, wer ich bin. Die Ines ist die Elegante, die Esther ist der Freak, und ich, wer bin ich eigentlich?" Claudia schwieg eine Weile und sagte dann: „Mirke, ich hab's. Du bist unsere Sportliche!"

Und damit traf sie den Nagel genau auf den Kopf. Mirke kleidete sich sportlich, fuhr wie ein Meister auf Inlineskates, und ihr größter Traum war ein Mountain-Bike. Nachdem diese ihr so wichtige Frage geklärt war, zog sie ganz erleichtert ab.

Kinder müssen sich über ihre Sorgen, Zukunftspläne und –ängste aussprechen können, sie müssen über das reden können, was sie sich zutrauen, sich erträumen oder was sie enttäuscht. Wenn sie sich darin ernst genommen wissen, stärkt es ihr Vertrauen in sich selbst und baut Zukunftsängste ab.

Absolut wichtig ist uns auch geworden, dass Kinder eine andere Meinung als ihre Eltern haben dürfen, dass sie widersprechen dürfen. Auch das gehört zum Aufbau eines gesunden Selbstwertgefühls.

Dabei kommt mir eine Szene in den Sinn, die sich bei uns abgespielte: Unsere Drei schauen sich in meinem Arbeitszimmer abends noch eine DVD an und vergessen hinterher die Tür richtig zu schließen. Dadurch kann sich unser junger Hund nachts hineinschleichen und in meinem Heiligtum eine Verwüstung anstellen.

Erbost schimpfe ich am nächsten Morgen nur die Tochter aus, die mir gerade über den Weg läuft und fordere sie auf, das Zimmer wieder in Ordnung zu bringen. „Papa, das finde ich ungerecht", erwidert sie forsch, „Wir waren zu dritt. Warum nimmst du dir nur mich vor?"

Wir wünschen uns, dass unsere Kinder immer den Mund aufmachen, wenn sie sich von uns oder anderen Autoritätspersonen ungerecht behandelt fühlen.

Dass wir früher von einigen unserer Kinder als so mächtige Autoritäten wahrgenommen wurden, dass sie uns in manchen Situationen nicht zu widersprechen wagten, hat uns erschrocken und tut uns heute Leid. Mittlerweile lassen wir uns mehr hinterfragen und achten darauf, die Ansicht eines Kindes stehen zu lassen. Wir vergewissern uns auch, ob eine Anordnung oder Konsequenz von dem Kind als gerecht empfunden wird, indem wir direkt zurückfragen: „Sehen wir das so richtig oder fühlst du dich ungerecht behandelt? Möchtest du uns dazu noch etwas sagen?"

Meine Erinnerungen an Mama
von Mirke

Wenn ich an Mama denke, dann bin ich unendlich dankbar für ihre guten Ratschläge und ihren Blick dafür, das Beste, ja das ganz Besondere in uns Kindern zu fördern, herauszulocken und uns zum Glänzen zu bringen.

Aber wo fange ich an zu erzählen? Als Kind erinnere ich mich an unsere gemeinsamen Einkäufe in der Stadt – ich wollte, glaub ich, nie das anziehen, was Mama mir vorschlug. Häufig war es mir zu bunt oder zu extravagant.

Geduldig hast du auch dort schon mich selbst auswählen lassen und mich meinen eigenen Stil finden lassen. A pro-pro Stil: Auch gegen meinen Skater-Stil mit Boxershorts und Hose in den Kniekehren hast du nichts gesagt (Danke).

Die Teeniezeit wurde vor allem mit dem Einrichten eines neuen Zimmers unterstrichen. Beide haben wir in Zeitschriften geblättert und Ideen für ein Zimmer gesucht, die meinem Stil, Geschmack und Lebensgefühl entsprechen. Stolz bin ich mit dir zu Ikea gefahren und habe meinen knallroten Schreibtischstuhl und Stoffe für bunte Gardinen ausgesucht (diese Stoffe finden sich heute übrigens in diversen Kinderzimmern meiner Nichten und Neffen wieder). Auch tapeziert haben wir gemeinsam. Ganz nach dem Motto: Lieber schnell als gründlich!

Auch wenn ich mein neues Zimmer geliebt habe, bin ich doch jeden Abend zu dir und Papa ins Wohnzimmer gekommen und habe erzählt, erzählt und erzählt. Immer habe ich mich willkommen gefühlt, obwohl ich häufig den ganzen Abend in Anspruch genommen habe. Immer hattet ihr ein offenes Ohr und guten Rat.

Tja, und dann lag ich nach meinem Ghana Einsatz mit Malaria Tropica im Krankenhaus... Jeden Tag bist du mehrmals gekommen, hast dafür gesorgt, dass meine durchschwitzte Bettwäsche gewechselt wurde, mich gelobt, wenn ich einen halben Apfel essen konnten ohne mich zu übergeben, und du hast dafür gesorgt, dass ich meinen 18. Geburtstag nicht im Krankenhaus verbringen musste!!! An dieser Stelle möchte ich aber auch Papa erwähnen: Du hast an meinem Krankenbett gesessen und meine Hand gehalten und gesungen, bis ich eingeschlafen bin!

In meinem Ohr klingen häufig deine Sätze: „Mirke, das hast du toll gemacht! Ich bin stolz auf dich!" Wer wünscht sich nicht, so etwas zu hören? Das tut unheimlich gut!

Von Generation zu Generation

Gerade während ich über diesem Manuskript sitze kommt ein netter facebook Eintrag unserer Tochter Mirke, die mit ihrem Mann Martin, der fünfjährigen Alena und zweijährigen Sophia in Thailand als Lehrerin tätig ist:

Heute Morgen um 7.30 Uhr in der Küche. Weil Martin nicht da ist, muss ich irgendwie (noch verschlafen) den 20 l Wasserkanister auf den Watercooler stülpen... Schwieriges Unterfangen. Irgendwann hab ich es (ohne Überschwemmung) geschafft und rufe: "Ja, geschafft. Bin ich gut!" Alena darauf laut aus der Toilette: "Toll gemacht, Mama. Auch wenn ich es nicht gesehen habe: Du bist ja soooo spitze!"

Das nenn ich Ermutigung am frühen Morgen! :)

Was Teens an ihren Eltern hassen!
Von Mirke für die Zeitschrift „Family" (2001)

Mirke Mühlan hat die Pubertät längst hinter sich. Aber sie kennt noch die Sätze, die Teens zur Weißglut bringen.

Eigentlich könnte ich die Chance jetzt voll nutzen, kräftig in die Tasten zu tippen und einigen Teenies so richtig aus den Herzen zu schreiben. Aber ich denke, dass euch Eltern mit Beschwerden allein nicht viel geholfen ist. Schließlich gebe ich zu: Teenies sind manchmal wirklich nicht leicht zu verstehen. Eltern aber auch nicht.

Seit einigen Jahren begleite ich meine Eltern zu ihren Vorträgen und lasse mich in Teenagerworkshops von den verzweifelten oder auch engstirnigen Eltern ausfragen. Oft sind es immer die gleichen Fragen und darunter auch die Frage: „Was hassen Teenies an Eltern? Was wünschen sie sich?"

Dafür habe ich unter den Teenies meiner Gemeinde und meiner Schule mal herumgefragt: „Moralpredigten bei schon kleinsten Anlässen!", „Ins Zimmer kommen ohne anzuklopfen!", „Kontrolle über meine Freizeit und mein Ta-

schengeld!", „Dass sie einfach nicht akzeptieren, dass ich älter werde!", „Dass sie immer was auszusetzen haben!"

Ich könnte diese Liste jetzt noch beliebig lange weiterführen. In den meisten Aussagen waren sich die Teenies sowieso einig. Ein paar Punkte, die ich persönlich für am wichtigsten halte, möchte ich hier gerne näher ausführen:

„Ich habe viel zu wenige Freiheiten!"

Immer das strittige Thema mit den „Freiheiten"- ob es nun Freizeiteinteilung, Schule oder Ausgehzeiten betrifft.

Zum Schrecken der Eltern werden Teenies in der Pubertät erwachsener - und wollen auch so behandelt werden. Dazu gehört es auch, seine Grenzen selber in gesunden Maßen auszutesten und nicht mehr alles vorgesetzt zu bekommen. Ich glaube, den meisten Eltern fällt es schwer zu erkennen, dass ihr „Kind" sich langsam zu einem „Erwachsenen" entwickelt. Na gut, Teenies fühlen sich manchmal älter, als sie wirklich sind und möchten ihr Leben selber meistern. Klar, dabei kann es auch mal deftig in die Hose gehen. Grenzen werden überschritten und die Schule rückt immer mehr in den Hintergrund.

Aber, liebe Eltern, man kann aus einer Mücke auch einen Elefanten machen! Teenies müssen manchmal, so weh es auch tut, Grenzen überschreiten, um zu erkennen, dass es falsch war. Da kann es schon mal passieren, dass ein Abend- oder auch mehrere- zu lang wird, das Geld schon lange vor Monatsende weg ist oder das Zimmer sich zu einem Saustall entwickelt. Um zur Eigenständigkeit zu kommen, muss man seine Grenzen selber ausloten können.

Engt eure Teenies also auf keinen Fall ein, nur weil ihr Angst habt, dass ihnen manches nicht gut tut. Lasst sie das selber erkennen, ohne sie dabei ins kalte Wasser fallen zu lassen. Auch muss nicht immer alles schlecht sein, was ihr nicht kennt oder euch neu erscheint. Zeigt vielmehr, dass ihr Vertrauen zu eurem Teenie habt und ihm zutraut, seine Zeit selber einzuteilen. Später werdet ihr dafür echten Dank und Respekt ernten. Denn nichts hassen heranwachsende Teenies mehr, als kontrolliert zu werden. Dazu gehört zum Beispiel auch Respekt zu zeigen und das Zimmer nur mit Anklopfen zu betreten.

Problematisch wird das Ganze nur, wenn der Teenie einfach nicht aus seinen Fehlern zu lernen scheint, sich selbst gewaltig überschätzt und dadurch wirklich in Gefahr gerät, womöglich das Vertrauen ausnutzt oder bricht. Hier lasst ihn bitte nicht im Stich! Ohne euch aufzudrängen- das hassen Teenies nämlich auchbietet eure Hilfe an. Manchmal kann es auch hilfreich sein, eine Vertrauensperson von außen mit einzubeziehen.

„Verbote ohne Begründung"

Der Satz „Solange du deine Füße unter meinen Tisch stellst, …" sollte sofort aus dem Sprachregister gestrichen werden. Meistens wird der sowieso nur von Eltern gebraucht, die keine bessere Antwort oder Begründung wissen.

Es gibt natürlich gewisse Regeln, an die man sich halten sollte. Doch wenn ihr Regeln aufstellt, dann nur mit einer nachvollziehbaren Begründung! Gerade Teenies neigen stark dazu zu hinterfragen. Nehmt das doch als Test, um zu erkennen, wie nützlich und wichtig das Verbot ist, sei es nun die Ausgangssperre, das Fernseh- oder Computerverbot etc. Nichts ist widerlicher als eine knappe Antwort, wie „Weil ich es sage!", „Ist halt so!" oder „Deswegen und basta!" Nehmt es mir nicht übel, aber da kann ein Teenie, der nach ehrlicher Erklärung sucht, seine Eltern nicht mehr für voll nehmen!

„Sie müssen immer alles besser wissen!"

Nichts ist blöder als eine lange Moralpredigt bei Kleinigkeiten! Nicht nur Teenies machen Fehler, Eltern können auch welche machen. Bitte lasst es nicht so erscheinen, als würden alle Fehler auf der Seite der Teenies liegen.

Ich verrate euch hier mal etwas, was bei Teenies wirklich ankommt: Wenn sie das Gefühl haben, dass ihre Eltern ehrlich und echt leben, authentisch. Das fängt schon bei Kleinigkeiten an. Sie halten z.B. das Verbot, dass vor dem Fernseher nicht gegessen darf, selber ein. Sie leben ihren Glauben offen und vorbildlich…

Wie kann man von seinem Teenie etwas erwarten, was man selber nicht einhält? Wenn ein Teenie sieht, wie sein Vater oder seine Mutter ein reines, ehrliches und nachvollziehbares Leben führt und dabei fröhlich ist, wird er es immer in Erinnerung behalten. Er wird es euch auch hoch anrechnen, wenn ihr euch für eure Fehler entschuldigt.

„Sie müssen immer nerven, wenn man seine Ruhe haben will!"

Teenies durchgehen in ihrer Pubertät ein Wechselbad der Gefühle. Und das oft zu Lasten der Eltern und Geschwistern. Eben noch fröhlich, im nächsten Augenblick ärgerlich- wer kennt das nicht? In dieser Zeit reagiert er äußerst empfindlich über Bemerkungen, die ihn vielleicht noch einen Tag vorher nicht die Bohne interessiert haben. Ich war auch nicht anders. Gerade hatte ich noch mit meinen Geschwistern rumgealbert und kurz darauf bin ich heulend in mein Zimmer gerast und wollte einfach nur meine Ruhe haben.

Ich gebe es zu, das ist eine echte Herausforderung für euch Eltern- um es noch nett auszudrücken. Hier ist echtes Fingerspitzengefühl gefragt. In dieser Zeit ist dem Teenie die Privatsphäre besonders wichtig, und er möchte darin nicht gestört werden. Ihr müsst euch nicht unbedingt Sorgen machen, wenn er sich in sein Zimmer zurückzieht. Es ist nicht immer ein ernstes Problem. Manchmal schämt er sich selber für seinen Gefühlsausbruch. Fragt später mal ganz vorsichtig nach und bietet ihm an, mit euch zu reden. Gewährt es ihm aber auch, wenn er darüber nicht sprechen möchte.

Es gibt auch das seltsame Phänomen, dass der Teenie gar nicht richtig merkt, dass er seine schwankenden Gefühle zu Lasten anderer nach außen lebt. Ich war zum Beispiel einer davon. Erst als mich meine Eltern Jahre später- nämlich als meine kleine Schwester so weit war- daran erinnerten, habe ich erkannt, dass ich genauso „extrem pubertär" war. Jetzt bin ich umso dankbarer, dass sie mich damals in Ruhe gelassen haben und kein „Trara" wegen meiner Gefühlsausbrüche gemacht haben. Vielmehr erinnere ich mich gut daran, dass ich immer mit ihnen reden konnte, wenn ich wollte. Auch sagten sie mir immer, dass diese wechselnden Gefühle normal seien in diesem Alter. Das hat mir sehr geholfen.

Rauchen verboten
von Mirke

Meine erste Zigarette rauchte ich mit etwa elf Jahren. Einmal und (fast) nie wieder!

Wir – Mama, Papa, Ines, Esther, Tirza, Marie und ich – waren im Urlaub in Kroatien. Mittags saßen wir in einem Cafe. Wir Kinder aßen unser Eis, und Mama und Papa tranken ihren Kaffee. Das Ungewöhnliche war, dass Papa zu seinem Kaffee eine Zigarette vom Kellner bekam. Wir Kinder testeten Papa sofort und fragten, wann er sie denn rauchen werde. Prompt kam die Antwort: „Später, mit euch am Strand!" Gesagt, getan. Vor allem Ines und Esther – mitten in der Pubertät – waren gespannt, und ich wollte natürlich nichts verpassen. Ich erinnere mich nur noch an Würgen und Husten, einen ekligen Geschmack im Mund. Zwar war es für einen Moment unheimlich cool und aufregend, eine brennende Zigarette in der Hand zu halten und tatsächlich – ohne, dass es verboten ist – daran zu ziehen. Aber bis in meine Teenie-Zeit hat es mir das Rauchen vergrault. Und das wolltest du doch erreichen, Papa oder?

Echtes Wahrnehmen und Ausdrücken von Gefühlen

„Süchte haben in unserer Gesellschaft Konjunktur. Emotionaler und sexueller Missbrauch gehören schon fast zur Tagesordnung. Warum können sich manche Kinder dagegen wehren, während andere zu Opfern werden? Experten betonen, dass Eltern ihren Kindern im Zusammenleben vor allem zwei Dinge mitgeben müssen:

* ein starkes Selbstwertgefühl, damit sie in brenzligen Situationen Nein sagen können!

* ein gesundes Vertrauen auf die eigenen Emotionen, besonders auf unangenehme, warnende Gefühle!"[17]

Die Bedeutung von Emotionen in der Entwicklung eines Kindes und ein echtes Wahrnehmen und Ausdrücken von Gefühlen wurde in der Vergangenheit von Psychologen und Pädagogen stiefmütterlich behandelt.

Erst 1990 wurde der Begriff „Emotionale Intelligenz" in der Fachwelt erstmalig benutzt, um emotionale Eigenschaften zu beschreiben. Seitdem spricht man nicht nur von einem IQ, dem Intelligenz-Quotienten, sondern auch von einem EQ, dem Emotionalen Quotienten. Manche Wissenschaftler behaupten, der EQ sei sogar noch wichtiger als der IQ! Köpfchen allein reicht nicht aus, um beruflich und privat erfolgreich zu sein. Nur wer mit seinen Gefühlen und mit denen anderer Menschen klug umgehen kann, kommt im Leben wirklich weiter.

Erst als wir über dieser Thematik brüteten und mit Andreas Schröter das Buch „Total fertig oder voll gut drauf? Helfen Sie Ihrem Kind mit seinen Gefühlen klarzukommen" herausgaben, wurden Claudia und mir die absolut große Bedeutung eines einfühlsamen Beachtens der Gefühle im Umgang mit Kindern deutlich.

---

[17] Eberhard Mühlan, Andreas Schröter, „Total fertig oder voll gut drauf?", Schulte & Gerth, 1999, S. 66.

Wie wohl die meisten Eltern hatten wir bei unseren ersten Kindern einfach kein Konzept, wie man mit seiner eigenen Gefühlswelt und der seiner Kinder umgehen sollte und haben in diesem Bereich wohl die meisten Versäumnisse begangen.

Nachdem wir folgende Strategie erarbeitet hatten, konnten wir unseren jüngeren Kindern ganz anders begegnen:

"Erste Hilfe" für wirre Gefühle

Kindern helfen, *mit* ihren Gefühlen zu leben, nicht *gegen* sie!

1. Gefühle akzeptieren und nachempfinden!

Anstatt Gefühle herunterzuspielen oder zu leugnen, Gefühle einfach akzeptieren. Aufmerksam zuhören und in „die Schuhe" des jeweiligen Kindes schlüpfen, um die Umwelt mit seinen Augen wahrzunehmen.

2. Gefühle benennen!

Kinder wissen oft gar nicht, warum sie so empfinden. Versuchen Sie, dem Gefühl einen Namen zu geben. Dann kann es besser erfasst und ausgedrückt werden.

3. Gefühle ausdrücken!

Zeigen Eltern ihren Kindern keine angemessenen Möglichkeiten, ihre Gefühle abzureagieren, dann suchen sich Kinder oft zerstörerische Mittel. Hier sind einige angemessene Möglichkeiten:

- über Gefühle sprechen

- fröhlich und albern sein

- weinen

- beten

- schimpfen und ärgerlich sein

- sich körperlich abreagieren

Kopieren Sie sich diese Seite und hängen Sie sie zur Erinnerung an einen gut sichtbaren Ort, etwa den Badezimmerspiegel oder die Kühlschranktür."[18]

Einige unserer ältesten Kinder berichten aus ihrer Kindheit, dass sie gern einmal, ihren Schmerz und ihre Wut herausgelassen hätten. Wir waren damals einfach hilflos und verstanden es nicht, ihnen konstruktive Möglichkeiten diesbezüglich aufzuzeigen. Inzwischen haben wir dazu Regeln erarbeitet:

1. Sprich über dich und deine Gefühle, aber greife den anderen nicht an!

2. Benutze keine verletzenden Ausdrücke oder schmutzigen Schimpfwörter!

3. Werde nicht handgreiflich. Sage dem anderen, was dich stört - nicht mit Fäusten, sondern mit Worten!

4. Lass deinen Ärger nicht an Unschuldigen aus![19]

Bei der folgenden Szene aus den letzten Jahren hätten wir früher nicht so einfühlsam reagieren können:

Unsere Vierzehnjährige kommt mit einigen Schrammen an Arm und Gesicht von der Schule nach Hause. Sie war mit dem Fahrrad gestürzt. Das Weinen mühsam unterdrückend setzt sie sich an den Mittagstisch.

Claudia spricht spontan das erlösende Wort: „Nun komm schon, mein Schatz. Weine ruhig, das wird dir gut tun." Wie erlöst kuschelt sich das Mädchen bei ihr ein und lässt den Tränen freien Lauf.

---

[18] Eberhard Mühlan, Andreas Schröter, „Total fertig oder voll gut drauf?", Schulte & Gerth, 1999, S. 57.

[19] Eberhard Mühlan, Andreas Schröter, „Total fertig oder voll gut drauf?", Schulte & Gerth, 1999, S. 112.

Die Schrammen waren aber nur die Spitze des Eisberges. Einmal den Eltern gegenüber offen, erzählt sie unter Schluchzen, dass sie am Morgen erfahren hat, dass ihr Lieblingslehrer gestorben sei. Jetzt kann sie ihren Kummer darüber so richtig rauslassen. Doch wenn Claudia nicht so warmherzig auf sie eingegangen wäre, hätte sie ihn wahrscheinlich in sich hineingefressen.

Die Pubertät eines Kindes mit den damit einhergehenden hormonell bedingten Gefühlsschwankungen ist wohl für jede Familie eine besondere Herausforderung. Eltern, die bereits mit ihren jüngeren Kindern den ausgewogenen Umgang mit Gefühlen bewusst thematisieren, können, was emotionale Turbulenzen betrifft, relativ gelassen den Teenagerjahre entgegenblicken.

Als unsere ersten Kinder in die Pubertät kamen, konnten wir mit ihren emotionalen Schwankungen nicht besonders gut umgehen. Je nach Typ gab es kräftigen Streit oder das Kind zog sich vor uns zurück.

Glücklicherweise haben wir dazugelernt und konnten dann auf die weiteren Kinder, die in die Pubertät kam, ganz anders eingehen. Ihre teilweise heftigen Gefühlsschwankungen, patzigen oder eingeschnappten Reaktionen federten wir viel besser ab.

Früher nahmen wir solche Ausbrüche leider persönlich und reagierten entsprechend gereizt. Da wir inzwischen kapiert haben, dass emotionale Ausbrüche meist nicht persönlich gemeint, sondern hormonell bedingt sind, können wir auch besonnener reagieren und antworten: „Ich kann nachvollziehen, dass dich das alles aufregt. Trotzdem solltest du dich bemühen, uns nicht fertig zu machen." Hat ein Teeny in den Jahren zuvor außerdem auch noch gelernt, seinem Ärger in „Ich-Botschaften" Luft zu machen, kommen Eltern und Geschwister ohnehin besser damit zurecht.

Manchmal hockte unsere Tochter jammernd im Wohnzimmer und sagte immerfort: „Ich weiß nicht, was mit mir los ist. Ich weiß

nicht, was mit mir los ist!" Nur gut, wenn ein Teeny solche Gefühlsschwankungen nicht allein und einsam mit sich in seinem Zimmer
ausmachen muss, sondern sich in so einer deprimierenden Stimmung zu seinen Eltern flüchten kann.

So oft haben wir unsere Tochter einfach in den Arm genommen,
ihr unsere Wertschätzung zum Ausdruck gebracht und ihr erklärt,
dass die hormonellen Veränderungen in der Pubertät Kinder ganz
schön ins Trudeln bringen können.

Das einfühlsame Wahrnehmen und Umgehen mit unseren Gefühlen hat unser Familienleben in den letzten Jahren mit am stärks-
ten verändert. Wir leben gern zusammen!

*Claudia: Ein sonniger Vormittag. Ich gehe durch den Garten und schaue
nach, ob alles in Ordnung ist. Ich passiere das Gehege mit den Zwergkaninchen
und sehe Zottel, Maries allerliebstes Kaninchen, in der Sonne auf den Steinen
liegen. Ich komme zurück. „Nanu, Zottel sonnt sich immer noch?", geht es mir
durch den Kopf. Da stutze ich und merke, dass etwas nicht stimmt. Zottel
sonnt sich nicht, Zottel ist tot!*

*„Auwei", denke ich, „Jetzt hast du noch zwei Stunden Zeit, um dir einfallen
zu lassen, wie du das deiner Siebenjährigen schonend beibringst. "*

*Behutsam sage ich: „Du, Marie, etwas ganz Trauriges ist geschehen. Zottel
ist tot. "*

*Da schreit sie auf: „Nein, Mama, das kann nicht sein. Zottel ist nicht tot.
Du lügst, du lügst. " Sie heult lauthals und schlägt um sich. Dabei bekomme ich
auch einiges ab.*

*Ich war ja gefasst auf den Gefühlsausbruch meines impulsiven Mädchens –
aber wir haben auch Nachbarn. Dennoch nehme ich sie fest in den Arm und
stecke das Geschrei und die Schläge ein. „Das muss dir ja so wehtun, nicht mehr
mit Zottel spielen zu können Ich bin auch ganz traurig…", rede ich beruhigend
auf sie ein und lasse sie gewähren.*

Das geht so gefühlte fünfzehn Minuten – in Wirklichkeit vielleicht zwei.
Dann schnieft das Mädchen tief aus und sagt bestimmt: „Jetzt bekommt Zottel
aber eine richtige Beerdigung mit allem Drum und Dran."

Früher hätte ich nicht so geduldig und einfühlsam reagiert. Vielleicht hätte
ich nach einiger Zeit gesagt: „Jetzt ist aber gut. Reiß dich zusammen!" Oder
„Es gibt Schlimmeres als ein totes Kaninchen." Nein, nein, nicht ganz so
schlimm – aber ich hätte es nicht fertig gebracht, ihre Gefühle so geduldig und
einfühlsam aufzufangen.

Jahre später bekomme ich von eben dieser Tochter Marie, die einiges gelernt
hat, was einen gesunden Umgang mit Gefühlen betrifft, eine deftige Lektion.

Französisch ist nicht ihr Favorit, und wir einigen uns, dass es ausreichend
ist, wenn es bei „ausreichend" als Zensur bleibt, denn schließlich hat sie ja auch
noch einige strahlende „Grün-Bereiche" in anderen Fächern. Eine Fünf will sie
selbst nicht, so stricken wir zusammen ein Lernprogramm, das sie bis zur nächs-
ten Arbeit durchziehen will.

Die Arbeit wird geschrieben. Einige Tage später kommt sie aus der Schule.
Auf ihrem Gesicht kann ich schon ablesen: „Na, das war wohl schief gegangen."
Ich nehme mir ganz pädagogisch vor, sachlich zu bleiben und keine Vorhaltun-
gen zu machen. Dennoch kann ich mir diese Bemerkung nicht verkneifen: „Sag
mal, hast du dich auch an unsere Abmachung mit dem Lernen gehalten?"

Da baut sie sich mit tränennassen Augen vor mir auf und sagt: „Mama, erst
einmal brauche ich jetzt Trost! Danach kannst du mir immer noch sagen, was
ich hätte besser machen können."

Wow, das saß!

Zur Vertiefung:
Mühlan-Seminar auf CD oder MP3: *Kinder mit starker Persönlichkeit* - Selbstwert und Gefühle
stärken! CD1518.

www.muehlan-mediendienst.de

Anleitung zu Eigenständigkeit und Kompetenz

In unserer hoch technisierten, immer komplizierter werdenden Welt hat eine Erziehung zu Eigenständigkeit und Kompetenz eine herausragende Bedeutung. Wer künftig beruflich gut vorankommen will, muss Flexibilität und Teamfähigkeit vorweisen. Die Ankündigung von Experten, dass man in Zukunft nicht erwarten dürfe, in dem einmal erlernten Beruf sein ganzes Leben lang tätig sein zu können, sondern sich darauf einstellen müsse, sein ganzes Leben zu lernen und mobil zu bleiben, kann manch einem Angst einjagen.

Einerseits hören wir derart hohe Anforderungen aus der Wirtschaftswelt und andererseits klagen Jugendleiter und Ausbilder, dass viele Teenager heute so stark verkopft seien, dass sie praktische Aufgaben kaum noch fertigbrächten. Manche sind gut im Diskutieren, aber schlecht im Zupacken. Sie stolpern regelrecht über die Arbeit, aber sehen sie nicht von selbst, und wenn etwas eigenständig erledigt werden soll, geht es tüchtig daneben.

Stößt man auf solch einen Jugendlichen, kann man in der Regel davon ausgehen, dass im Elternhaus nicht viel Wert auf Mithilfe, sprich Teamarbeit, gelegt wurde und auch sonst wenig praktische Arbeiten erwartet wurden. Ursache ist häufig die Kombination von gedankenlosem Vater, überfürsorglicher Mutter und bequemem Kind oder umgekehrt.

Aber wie bringt man einem Kind nun Eigenständigkeit und Kompetenz bei? Den guten Mittelweg zu gehen, dass ein Kind zwar gefordert aber nicht überfordert wird, ist nicht einfach. Wenn Eltern keine durchdachte Strategie verfolgen, neigen sie dazu, entweder ihren Kindern zu viel abzunehmen oder zu viel von ihnen zu erwarten.

Dass unsere erwachsenen Kinder ihre Arbeitszeiten so lobend erwähnen und betonen, dadurch hätten sie Teamfähigkeit, handwerkliches Geschick und einen zügigen Arbeitsstil gelernt, liegt unter anderem an dem klaren Konzept, das wir damals schon verfolgt haben. Dieses Konzept kann mit den folgenden Eigenschaften umschrieben werden: gemeinsam, freudig und ermutigend, zutrauend, gerecht, gabengemäß und überschaubar.

Kinder möchten mit ihren Eltern zusammen sein. Es ist ganz ungünstig, wenn Eltern ihnen eine Aufgabe zuteilen, wie etwa das Auto waschen, den Hof fegen oder Unkraut rupfen, und dann verschwinden.

Ein „Haupt-Fun-Faktor" in unserer Familie war der, dass Claudia oder ich mitarbeiteten oder zumindest in der Nähe etwas anderes machten. Denn nur dann kann man ein Kind auch ermutigen und Spaß miteinander machen.

Und bitte geben Sie einem Kind nicht nur die geringen Hilfsarbeiten. So etwas Langweiliges wie Unkrautzupfen oder Möhrenverziehen muss zwar auch gemacht werden, aber es gibt auch Fahrräder, die fachmännisch gewartet werden müssen oder eine Zimmerdecke, die mit Profilholz oder Dekorplatten verkleidet wird.

Zu solchen anspruchsvollen Arbeiten sollten Kinder genauso hinzugezogen werden, auch wenn man es allein schneller erledigen könnte. Denn gerade dabei lernen sie handwerkliche Fähigkeiten.

Es ist einfach spannend, wenn man zuerst zusammen ein Heimwerker-Handbuch studiert, dann einkaufen geht und anschließend das Werk gemeinsam angeht. Hinterher kann man sich strahlend auf die Schulter klopfen und miteinander feiern.

Es muss aber auch gerecht zugehen! Die Jüngeren brauchen zwar nicht genauso lange zu arbeiten, wie die älteren, aber ein geschicktes Kind darf auch nicht häufiger beansprucht werden als die anderen.

Es sei denn freiwillig oder man steckt ihm dafür eine extra Entlohnung zu. Bitte auch den Mädchen nicht nur die typisch hausfraulichen Aufgaben zuteilen und den Jungen die handfesten.

Achten Sie auf die jeweiligen Fähigkeiten. Manches Mädchen reizt es nämlich, so etwas richtig Handwerkliches zu lernen! Eins unserer Mädchen sagte lobend: *„Bei uns wurde beim Arbeiten kein Unterschied gemacht. Alle mussten alles tun!"*

Damit meinte sie wahrscheinlich vor allem, dass die Jungen genauso Küchendienst hatten und Fenster putzten wie die Mädchen.

Claudia: Als eine unserer Töchter zu ihrem Studium nach Würzburg umzog, staunten die männlichen Kommilitonen nicht schlecht, dass sie wie selbstverständlich ihr Fahrrad aufbockte und den Schlauch ohne weiteres flickte. Das hatte ihr Papa beigebracht. „Oh, kann ich dir mein Fahrrad mal vorbeibringen. Ich komm damit allein nicht zurecht", wurde sie gefragt. „Kein Problem", war ihre clevere Antwort, „Was kannst du denn zum Ausgleich gut?" So schleppte manch ein kräftiger Student ihr zum Ausgleich die schweren Sachen die zwei Stockwerke hoch in ihre Wohnung. Auch eine Form von Job-Sharing!

An so einem familiären Arbeitsnachmittag legten wir häufig den ganzen Katalog an aktuellen Erledigungen vor und ließen auswählen, wer was tun wollte. Es war interessant, wie manch einer lieber eine puzzelige Drinnen-Arbeit wählte und ein anderer sich auf eine schwere Draußen-Arbeit stürzte – je nach Typ.

Ein überschaubarer Rahmen ist ebenso wichtig. Kinder müssen wissen, wann etwas erwartet wird und wann sie fertig sind! Es gibt nämlich Schaffertypen unter Eltern, die immer etwas zu verteilen haben, wenn ihnen ein Kind über den Weg läuft: „Schön das ich dich sehe, kannst du nicht mal schnell ...?", „Bevor du gehst, erledige doch ...!"

Kein Wunder, wenn sich dann die Kinder schnell verdrücken, weil es ständig nach Arbeit riecht. Wir kennen ein Mädchen, das unbedingt so früh wie möglich auf eine Gesamtschule gehen wollte, weil sie zu Hause stets unter diesem Erwartungsdruck stand.

Unsere Erwartungen wurden früher stets im Familienrat abgesteckt: Der Küchendienst wurde gerecht eingeteilt; bei so vielen Kandidaten war das höchsten einmal die Woche. Jeder hielt sein Zimmer selbst in Ordnung und etwa zwei Stunden zügige Arbeit pro Woche im Haus oder Garten fand keiner zu viel. Das Tolle war: Wer länger machte, konnte sich Geld damit verdienen.

Wir wissen, dass die wenigsten Familien auf so einen umfangreichen Arbeits-Angebots-Pool zurückgreifen können, wie wir früher. Auch bei uns hat sich inzwischen einiges geändert. Wir haben zum Beispiel keinen auf die Kinder verteilten Küchendienst mehr. Aber es ist eine klare Regel, dass jeder, der am Tisch sitzt, hinterher auch mit dafür sorgt, dass die Küche in Ordnung gebracht wird.

Auf diese Weise wird einer Bedien-Mentalität vorgebeugt und Teamarbeit gefördert. Unsere gemeinsamen Arbeitszeiten haben wir immer noch, aber nicht mehr wöchentlich. Und es gibt nach wie vor die Möglichkeit, sich etwas dazuzuverdienen.

Jede Familie muss diesbezüglich von ihrer eigenen Ist-Situation ausgehen und die Aufgaben im Familienrat auf den Tisch bringen. Es ist lächerlich und wird auch von den Kindern schnell durchschaut, wenn man sich nur Arbeitsbeschaffungsmassnahmen aus den Fingern saugt.

Der Bedarf muss realistisch eingeschätzt werden und dann kann man auch in einer Kleinfamilie gemeinsam auf das Ziel Eigenständigkeit und Kompetenz bei Kindern zusteuern.

Claudia: Ich habe schon immer viel genäht. Für die Kleinen Badeponchos en masse, so dass sie aussahen wie die Gartenzwerge. Aber auch natürlich viel Dekoratives für das Haus und was sonst so anfiel. Meine Mädels waren auch neugierig auf meine gute Maschine. So ließ ich sie ran, und sie versuchten sich mit gerade Nähten und sogar Puppenklamotten.

Schließlich bekam ich eine gute Idee und verkündete: „Hört mal, wenn jemand von euch einigermaßen nähen kann, wenn sie das Haus verlässt – damit meinte ich so etwas wie Gardinennähte, Umsäumen von Kissenbezügen usw., also keine komplizierte Kleidung – dann bekommt sie von uns eine eigene Nähmaschinen geschenkt. Dass muss wohl so gereizt haben, dass wir doch tatsächlich einige Nähmaschinen sponserten.

Inspiration zu einem authentischen christlichen Lebensstil

„Pfarrers Kinder, Müllers Vieh geraten selten oder nie!", lautet ein altvertrautes Sprichwort.

Kinder von Seelen-Fachleuten oder bekannten christlichen Persönlichkeiten haben es nicht leicht. Sie fühlen sich oftmals unter Druck gesetzt – von ihren Eltern und von der Öffentlichkeit. Dieses im Rampenlichtstehen macht es ihnen schwer, ihre eigene Identität zu finden.

Und wenn einige unglückliche Konstellationen aufeinander treffen, entscheiden sie sich eventuell, einen ganz anderen Lebensweg einzuschlagen als den ihrer Eltern, nur um zu sich selbst zu finden.

Nach ihren Angaben haben die meisten unserer Großen wenig darunter gelitten, Kinder bekannter Erziehungsspezialisten zu sein. Eins von ihnen wäre ganz gern ab und zu unter einem anderen Namen aufgetreten, einfach, um den neugierigen Blicken und Fragen auszuweichen und um sich so zu geben, wie ihm zumute ist. Unsere Tochter, die sich gerade an einem neuen Studienort einlebt, sagte:

„Zur Zeit kennen mich alle nur mit meinem Vornamen. Wenn sie demnächst erfahren, wie ich mit Nachnamen heiße, bin ich glücklicherweise bereits aufgrund meiner Persönlichkeit akzeptiert und nicht nur wegen meines Namens."

Die anderen Kinder fanden es meistens amüsant. Wenn sie zusammensitzen und sich gegenseitig die Anekdoten erzählen, wie andere entdeckten, dass sie eine oder ein Mühlan sind und wie die Reaktionen darauf waren, wird viel gelacht und manchmal auch nur über manche Plumpheit der Kopf geschüttelt.

Unsere Kinder bestätigten uns, dass wir ihre Privatsphäre genügend geschützt haben und sie vor allem ganz normal Kinder sein ließen. Sie verspürten in der Öffentlichkeit keine anderen Erwartungen von uns als zu Hause. Sie durften so sein wie sie waren. Wir haben uns auch gehütet, jemals zu sagen: „Benehmt euch ja anständig, denn die Leute schauen auf uns!"

Wir wussten von Anfang an, dass es riskant war, das Familienleben so weit vor anderen zu öffnen – wir hätten es ja in unseren Veröffentlichungen allein bei sachlichen Ratschlägen zur Erziehung belassen können – und sind heute froh, dass unser Clan unbeschadet davon gekommen ist.

Alle christlichen Eltern wissen – oder ahnen zumindest, dass man seine Kinder nicht zu überzeugten Christen erziehen kann: weder durch Familienandachten, christliche Freizeiten oder erzwungene Gottesdienstbesuche.

Manche entscheiden sich bereits als Teenager, nichts mehr mit dem christlichen Lebensstil ihrer Eltern zu tun zu haben, sehr zu deren Kummer. Einige davon kehren Jahre später zu den Werten ihrer Familie zurück.

Uns sind aber auch einige junge Erwachsene - so im Alter von Mitte bis Ende Zwanzig – begegnet, die plötzlich all dem, was sie an christlichen Werten aus ihrer Familie mitbekommen haben, den Rücken kehren und sich voll in unser modernes gesellschaftliches Leben stürzen, als müssten sie ein Stück Pubertät oder verpasste Freiheit nachholen.

Den christlichen Lebensstil unverkrampft und authentisch an die nächste Generation weiterzugeben, scheint eine der kompliziertesten Aufgaben im Familienalltag zu sein. Wir haben in der Vergangenheit häufig zwei extreme Haltungen beobachtet:

Einmal die Eltern, die wahrscheinlich aufgrund eigener negativer Erfahrungen, christliche Unterweisung in ihrer Familie ganz auf Sparflamme laufen ließen nach dem Motto: „Ich will mein Kind nicht zu sehr mit biblischen Geschichten und frommen Sachen vollstopfen. Es soll selbst entscheiden, wie es glauben will." Vielfach wurde einem Kind bereits mit sieben oder acht Jahren freigestellt, ob es mit zum Gottesdienst beziehungsweise zur Kinderstunde gehen wollte.

Und dann beobachteten wir die Eltern, die christliche Unterweisung und Abschirmung vor der Welt übergenau nahmen. Familienandachten wurden sehr ernsthaft und nach strengem Muster durchgezogen und weltliche Dinge aus der Familie verbannt. Irgendwie fehlte dort die Natürlichkeit, die Lebensfreude. Wenn dann die Kinder noch einen doppelten Lebensmaßstab beobachteten, wurde es fatal: In der Gemeinde und unter Christen eine absolut fromme Sprache und freundliches Getue und zu Hause Unbeherrschtheit und Härte.

Bei diesen beiden extremen Familienformen geht es selten gut aus oder die Kinder kämpfen als Erwachsene ständig mit ihrem Glauben.

Claudia und ich haben unsere Kinder offensiv an unserem christlichen Lebensstil teilnehmen lassen. Wir haben eine intensive biblische Unterweisung durchgeführt und ein Gottesdienstbesuch war bis zum Teenageralter selbstverständlich. Das war bei unserem lebendigen Gemeindeleben auch kein großes Problem.

Fast alle unserer Kinder leben bewusst und gern als Christen und tragen zum Teil große Verantwortung im Gemeindeleben. Das ist ihre ureigene Entscheidung!

Darüber sind wir sehr froh und dankbar! Das hätte auch anders kommen können!

Wir haben unsere erwachsenen Kinder gefragt, ob sie unseren christlichen Lebensstil damals nicht doch als erdrückend oder gar manipulierend empfunden haben und warum sie heute als Christen leben?

Die älteren Kinder denken gern an die ganz frühen Familienjahre zurück: Jeden Abend im Kreis zusammensitzen mit Lobpreis und einfachen Musikintrumenten, einem kurzen Austausch über den Tag und abschließendem Gebet. In der Grundschulzeit kurze Familienandachten vor dem Frühstück, zum Teil von den Kindern selbst gestaltet.

Im Urlaub lernten wir miteinander Bibelverse auswendig. Als sie Teenager wurden machten wir intensive Bibelstudien und diskutierten häufig über geistliche Zusammenhänge.

Besonders hängen blieb, wie wir gemeinsam Gott dienten – auf Familienwochen, bei Wochenendseminaren oder indem wir Missionsprojekte im Ausland besuchten.

Natürlich hatten einige – vor allem in der Teenagerzeit - zwischendurch geistliche Durchhänger, lebten, was ihren Glauben betraf, auf Sparflamme, liefen einfach mit oder zogen sich zurück.

Der Ausspruch einer unserer Sechzehnjährigen war eine Zeit lang: „Ich bin kein religiöser Typ!" Aber sie kam trotzdem mit in die Gemeinde, wohl hauptsächlich, um nach dem Gottesdienst ihre Freunde zu treffen.

Wir sammelten mit unseren Kindern die Begriffe, die nach ihrem Empfinden unseren christlichen Lebensstil in der Familie prägten. Die folgenden Stichworte wurden genannt:

„Natürlichkeit, Spontaneität, gute Gewohnheiten, Freude aber auch offene Trauer, eure Echtheit, Freiwilligkeit, Abwechslung, gründliches Bibelstudium, offene Fragen stehen lassen, Gebetserhörungen, nach Gottes Willen fragen, Abenteuer mit Gott, interessante Gäste, gemeinsam Gott dienen."

Diese Stichpunkte möchten wir vor allem den jungen Eltern unter den Lesern ans Herz legen. Sie könnten zu Leitlinien für ein authentisches Christsein in ihrer Familie werden.

Einige der genannten Stichworte möchten wir vertiefen:

• Bei der Beurteilung eines Familienlebens zählt stärker wie die Eltern gelebt haben, als was sie gesagt haben! Claudia und ich haben uns bemüht, unser Christsein vor unseren Kindern natürlich, ehrlich und authentisch zu leben. Mit allen Höhen und Tiefen – und das um so offener, je älter sie wurden.

Wir haben zusammen viel gelacht, aber auch geweint, uns gezankt, versöhnt und wieder neu angefangen. Wir haben spektakuläre Wunder erlebt, aber auch Krisen, auf die wir bis heute keine Antworten gefunden haben. In all das haben wir unsere Kinder mithineingenommen.

Unser Wunsch war und ist, ihnen an unserem Leben zu zeigen, dass der Weg mit Jesus die schönste und lebenserfüllende Erfahrung ist, die man überhaupt machen kann.

Wir haben aber auch nicht verschwiegen, dass es Situationen und Schicksalsschläge im Leben gibt, auf die man keine Antworten findet. Wichtig ist, nicht an Gott zu zweifeln, daraus zu lernen und schließlich am Ziel anzukommen!

• Gute christliche Freunde und interessante Gäste prägen das Denken von Kindern über einen christlichen Lebensstil. Unsere haben ganz viel mitbekommen, wenn wir mit durchreisenden Missionaren zusammensaßen, uns mit ihnen über Glaubensfragen austauschten oder mit ihnen einfach nur Spaß hatten.

- Die persönliche Freiheit, am christlichen Leben teilzunehmen oder nicht, ist wichtig - natürlich alters- und reifegemäß. Eine gesunde Kombination von guten Gewohnheiten und Spontaneität macht die Teilnahme leicht. In unserer abendlichen Gebetsrunde konnte jeder beten, aber keiner musste es tun. Die älteren Kinder mussten auch nicht daran teilnehmen. Und ab dem Teenageralter war der Gottesdienstbesuch freiwillig. Außerdem sind Abwechslung und neue Formen bei Familienandachten und Bibelarbeiten sehr wichtig! Denn eine dumpfe Routine ist gefährlich. Wenn diese eintritt, sollte man lieber einfach mal für einige Zeit Pause machen.

- Vor allem dürfen Kinder nicht nur über Jesus hören, sie müssen auch etwas mit ihm erleben und zum Dienst für ihn ermutigt werden! Wenn Kinder eigene Gebetserhörungen und Abenteuer mit Gott erleben, zählt dies fürs ganze Leben, besonders in Krisenzeiten. Wir könnten ganze Bände damit füllen!

Der Clown im Opferkorb
von Marie

Ich hatte schon immer EINE große Liebe: mein Stoffclown namens Zwiebel. Wer sich fragt, warum er Zwiebel heiß? Keine Ahnung. Ich habe immer gesagt, das war die Idee von meinen Geschwistern. Was ich mir übrigens auch gut vorstellen kann. Oder wer nennt seine Kaninchen Adam und Eva, Pepsi, Cola, Stratiatella oder Obadja, Habakuk...

Der Clown „Zwiebel"

Zwiebel begleitete mich auf allen meine Reisen, und wenn wenig Platz im Rucksack war, da man sein ganzes Gepäck selber durch Thailand oder Nepal schleppen musste, dann kam halt nur die rote Nase vom Clown mit.

So kam Zwiebel auch mit auf meine erste und einzige Kings Kids Tour nach Tschechien. Ich war 12 Jahre alt und reiste ganz alleine ohne Geschwister, halt nur mit Zwiebel.

Schon im Vorbereitungscamp wurde gepredigt, dass Gott das Wichtigste wäre und man ihm alles hingeben sollte. Um diese Hingabe zu symbolisieren, gab es einen Opferkorb, in den man Gegenstände, aber auch hauptsächlich Zettel, hineinlegen konnte, auf die man geschrieben hatte, was einem besonders wichtig ist und was man Gott hingeben möchte.

Klein Marie klopfte das Herz, und sie wusste genau, dass es etwas in ihrem Leben gab, das in ernsthafter Konkurrenz zu Gott stand. Also flitzte ich in meinen Schlafraum und holte Zwiebel von meiner Isomatte. Der Weg zum Opferkorb war lang, und mir flossen die Tränen.

Da saß er nun, zwischen den ganzen Zetteln im Korb direkt unterm Kreuz. Ich wusste, ich würde nun auf ewig Abschied nehmen und ihn nie wieder sehen. Aber das war es mir wert, denn Gott sollte doch an erster Stelle stehen. Dennoch konnte ich nicht verstehen, wie Gott mir nur so etwas Grausames antun konnte. Und außerdem - wozu brauchte Gott Zwiebel?

Den Rest der Predigt bekam ich kaum mit; nur diese Sätze: „Gott möchte nur das Beste für euch. Wenn ihr also Dinge in den Korb gelegt habt, die euch nicht schaden, nehmt sie euch wieder heraus."

Wie konnte Zwiebel mir jemals schaden?

Ich glaub, ich war die erste, die nach vorne stürmte, um ihren geliebten Clown in die Arme zu schließen. Ich war Gott unendlich dankbar.

Zur Vertiefung:
Mühlan-Seminar auf CD oder MP3: *Mit Kindern Glauben leben* – christliche Werte überzeugend an die nächste Generation weitergeben. CD1517.
www.muehlan-mediendienst.de

Was wollen Sie Ihrem Kind auf seinen Lebensweg mitgeben?

Wir haben Sie auf eine Reise durch mehr als dreißig Jahre unserer Familiengeschichte mit all seinen Höhen und Tiefen mitgenommen. Und Sie befinden sich auf Ihrer eigenen Familienreise – vielleicht sind Sie gerade erst am Anfang und haben noch die meisten Jahre vor sich, vielleicht haben auch Sie schon eine große Strecke zurückgelegt.

Ob Eltern es bewusst beabsichtigen oder ob sie sich kaum Gedanken darüber machen, sie hinterlassen auf jeden Fall einen tiefgreifenden Eindruck im Leben ihrer Kinder. Sie geben immer ein Vermächtnis an die nächste Generation weiter!

Überzeugungen – Werte – Lebensziele

Was halten Sie von dieser Frage: „Wenn Ihre Kinder und Enkelkinder an Ihrem 70. Geburtstag zusammensitzen und über Sie reden, was werden sie wohl über Ihr Leben sagen?"

Bei dieser Frage geht es um Ihre Überzeugungen, Ihre Werte, Ihre Lebensziele, die Sie für sich formuliert haben und womit Sie andere beeindruckt haben!

Zur Vertiefung:

Mühlan-Seminar auf CD oder als MP3: *Kinder brauchen Werte* - Werte vermitteln in einer Zeit der Werteunsicherheit, Album 4900 (3 CDs), www.muehlan-mediendienst.de.

Was sind Werte? Im Lexikon lesen Sie: „Werte sind Leitbilder, an denen sich das Verhalten eines Menschen in einer Gesellschaft orientiert. Sie sind die Grundlagen für soziale Normen. Werte sind bestimmende Vorstellungen von dem, was richtig und wünschenswert ist. Sie dokumentieren unsere Überzeugungen und Prioritäten."

Empirische Untersuchungen zeigen, dass sich in den letzten Jahrzehnten in unserer Gesellschaft Werte nicht nur verschoben haben, sondern dass bei vielen Bürgern eine Orientierungslosigkeit beziehungsweise ein Vakuum an verbindlichen Werten vorliegt. Daraus ergeben sich viele werteunsichere Eltern, die nicht in der Lage sind, ihren Kindern handfeste Überzeugungen und Ziele für deren Lebensgestaltung mitzugeben! Darum möchte ich Sie herausfordern, gründlich darüber nachzudenken, was für Sie wirklich zählt, wovon Sie zutiefst überzeugt und begeistert sind, wofür Sie bereit sind, sich konsequent einzusetzen?

Gibt es in Ihrem Leben prägende Begegnungen mit Menschen, vielleicht Erlebnisse oder Bücher, Bibelstellen, Eindrücke von Gottes Reden? Sind da Träume und Ziele, die Sie sich einmal gefasst haben? Gibt es Berufungsschritte, die Gott Ihnen einmal aufgezeigt hat? Doch jetzt hat Sie der Alltagstrott mit Familie, Beruf und Gemeinde einfach überrollt, wodurch diese wertvollen Dinge in Vergessenheit geraten sind!

Dieses Abgleiten in eine geistliche Mittelmäßigkeit kennen wir auch. Nur gut, wenn sich einem dann Menschen oder Umstände in den Weg stellen, die einen wieder aufrütteln und an die wirklich wichtigen Dinge im Leben erinnern.

Was halten Sie davon, sich einmal zurückzuziehen und all die Dinge aufzuschreiben, die Ihnen für Ihr Leben wichtig sind? Wie ich schon sagte: Begegnungen, Erlebnisse, Bücher, Bibelstellen, Gottes Reden.

Und dann machen Sie eine Liste mit Ihren persönlichen Überzeugungen, Werten und Lebenszielen. Schreiben Sie die Punkte auf, die Sie am Ende Ihres Lebens verwirklicht haben möchten. Die

Dinge, die Sie als Vermächtnis an die nächste Generation weitergeben wollen!

Ein Gastreferent bei Team.F prägte einmal einen Satz, den wir nicht wieder vergessen konnten: „Was du geerbt hast von deinen Vorfahren, ist nicht so wichtig wie das, was du deinen Kindern hinterlässt. Unsere Kinder sind Botschafter für eine Zeit und für Orte, die wir nie erreichen werden."

Diese Aussage hat es in sich! Wir alle haben ein Vermächtnis übernommen und werden auch eins weitergeben. Fragt sich nur wie?

Kinder anleiten, eigene Werte zu entwickeln

„Seitdem ich weiß, welche Werte für mich zählen, kann ich auch mit meinen Kindern darüber reden", sagte einmal ein Teilnehmer unserer Seminare ganz bezeichnend.

Suchen Sie immer wieder nach Möglichkeiten, durch die Ihr Kind zu eigenen Überzeugungen und Werten findet! Verfallen Sie dabei nicht dem Trugschluss, dass man so etwas eigentlich nur mit Teenagern richtig machen kann.

Die wichtigste Zeit ist das Grundschulalter! Wenn sich ein Kind bereits in den Jahren vor der Pubertät gute Lebensziele setzt, wie zum Beispiel „Ich sage Nein zu Drogen!" oder „Ich will als Christ leben!", wird es sich in den Stürmen des Erwachsenwerdens eher an diese Vorsätze halten, als wenn es sich erst als Teenager damit auseinandersetzt. Das haben empirische Untersuchungen erwiesen und bestätigt.

In diesem Buch haben wir bereits aufgezeigt, worauf es in der Erziehung ankommt und wie Eltern Werte weitergeben können. Ich will dies hier noch einmal kurz zusammenfassen:

Ihr Lebensstil ist eine unauslöschliche Botschaft!

Kaum etwas anderes hinterlässt so tiefe Spuren auf die eigene Lebensgestaltung und Lebenszielsetzung, wie das Vorbild der Eltern. Deshalb der Aufruf zu einem authentischen und radikal christlichen Lebensstil! Für mich ist der Psalm 112 eine ganz wichtige Lebens- und Wertegrundlage geworden: *„Glücklich der Mann, der den Herrn fürchtet, der große Freude an seinen Geboten hat! Das Geschlecht der Aufrichtigen wird gesegnet werden!"*

Zu meinen Werten gehört, dass ich Gott lieben und ehren will und seine Gebote halten möchte – authentisch und aufrichtig! Als ein Vermächtnis an meine Kinder möchte ich erleben, dass sich durch meinen Lebensstil Segen auf sie ausbreitet.

Gemeinsam etwas unternehmen und Gott dienen!

Wenn Sie nicht genügend Zeit miteinander verbringen, miteinander reden, arbeiten, etwas unternehmen, wird Ihr Kind auch nicht Ihren Lebensstil beobachten und von Ihnen lernen können.

Unsere gemeinsamen Arbeitszeiten und Einsätze für Gott in der Gemeinde und bei Familienwochen und –seminaren haben unseren Kindern enorm geholfen, für sich zu eigenen Werten und Lebenszielen zu finden.

Zusammen die Bibel studieren und über Werte und Lebensziele sprechen!

Das gleiche gilt für das Gespräch über der Bibel, den Austausch über alles, was in der Schule, der Gemeinde, unter Freunden läuft und das Schmieden von Plänen für die Zukunft.

Ihre Freunde geben eine Botschaft weiter!

Unsere Kinder bezeugen, dass unser Umgang mit unseren Freunden und Gästen ihr Denken und ihren christlichen Lebensstil stark beeinflusst haben. Wie sieht es damit bei Ihnen aus? Sind Ihre Bekanntschaften und Gespräche mehr oberflächlich oder echt anteilnehmend und auch ab und zu tiefschürfend?

Einen guten Freundeskreis aufrechtzuerhalten ist nicht einfach: Beten Sie für die richtigen Menschen und investieren Sie dann genügend Zeit und Aufmerksamkeit in gute Beziehungen!

Den Besuch eines argentinischen Pastors bei uns zu Hause werde ich wohl nie vergessen. Wir saßen mit ihm um unseren Esstisch und während des Abends unterhielt er sich aufmerksam mit jedem einzelnen Kind über dessen Hobbys und Lebensziele bis hinunter zu der damals achtjährigen Marie.

Jedem stellte er die Frage: „Sag mal, hat Gott schon zu dir gesprochen und dir gezeigt, was er mit deinem Leben vorhat?" Für mich war es faszinierend zu beobachten, wie einfühlsam er auf jedes Kind einging und wie ernsthaft und aufrichtig die Kinder ihm antworteten. Bei mir bewirkte es eine Sehnsucht, ebenfalls so aufmerksam auf Kinder einzugehen – nicht nur, was meine Kinder betrifft, sondern jedes, mit dem ich tiefer ins Gespräch komme.

Aus dem eigenen Leben erzählen!

Welchen Stellenwert haben in Ihrer Familie Erinnerungen? Sprechen Sie von früher, halten Sie besondere Erlebnisse frisch und lebendig?

Die Tochter unserer Mitarbeiterin Heidi Goseberg sagte einmal zu ihrer Mutter: „Mama, meine Klassenkameraden wissen alle nur ganz wenig über ihre Kindheit. Ich glaube, die Eltern erzählen ihnen nichts von früher!"

Heidi meinte dazu: „Diese Bemerkung hat mich lange beschäftigt. Geschichten erzählen, das hatte von jeher einen festen Platz in unserer Familie. Und dazu gibt es viele Gelegenheiten: Geburtstage, Feiertage, oder einfach zwischendurch beim gemütlichen Zusammensitzen. Dann erzählen wir von früher, wie es bei Oma und Opa zu Hause war, als wir noch Kinder waren, die Geschichte unserer Freundschaft und was wir mit Gott erlebt haben. Jedes unserer Kinder hat seine eigene Geschichte über meine Schwangerschaft mit ihm und seine Geburt. Alles das und noch viel mehr können sie gar nicht oft genug hören. Oder wir schauen Fotos an und erinnern uns an schöne gemeinsame Erlebnisse. Oft geben die Kinder selbst den Anstoß: ‚Mama, Papa, erzählt doch noch mal, wie war das damals?‘ Das sind schöne Zeiten, die uns verbinden. Aber im Lauf der Jahre ist mir bewusst geworden, dass es dabei um mehr geht, als ein paar nette Geschichten zu erzählen. Denn mit Erinnerungen helfen wir unseren Kindern, selbst zu einer guten Identität zu finden und Werte für sich zu formulieren. Dadurch, dass wir ihnen die Fragen nach früher beantworten, geben wir ihnen Wurzeln. Ihre brennendsten Fragen sind: Woher komme ich? Wer bin ich? Wozu bin ich da? Und dazu müssen sie wissen, was ihr Familienerbe ist, was seit Jahren, oft seit Jahrzehnten in einer Familie gelebt wird, sich oft wie ein roter Faden durch Generationen hindurchzieht.

Psalm 78 drückt das so aus: ‚*Was wir gehört und erfahren und unsere Väter erzählt haben, wollen wir unseren Kindern und den kommenden Generationen nicht vorenthalten, die Ruhmestaten des Herrn und seine Macht und seine Wunder, die er getan hat...*‘ damit sie auf Gott ihr Vertrauen setzten und die Taten Gottes nicht vergäßen und seine Gebote befolgten!‘"

Gesprächsanregungen für den Familienrat

Durch die Anregungen während unserer Seminare haben viele Familien gute Erfahrungen mit Gesprächsrunden gemacht, in denen gezielt Fragen angesprochen werden. Thematisch geht es darum, was für die eigene Familie typisch ist, welche Werte und Ziele wichtig sind und was Gott möglicherweise für die eigene Familie an Aufgaben hat.

Kinder ab etwa acht Jahren können sich gut an diesen Gesprächen beteiligen und nach oben gibt es keine Altersbegrenzung. Manchmal ist es sogar ganz hilfreich, die Freunde der Kinder dabei zu haben. Günstig ist natürlich, wenn bereits regelmäßige Familienabende zum Alltag gehören, andernfalls muss man vor allem bei Teenagern den Eindruck vermeiden: „Papa will nur kontrollieren, ob wir auch richtig funktionieren."

Gute Familiengespräche machen allen Spaß und fördern außerdem das Miteinander. Folgende Fragen könnte man an einem Familienabend anschneiden:

- Was ist typisch für unsere Familie?

- Was macht dich stolz/verlegen, wenn andere unsere Familie sehen?

- Welche Vorbilder hast du?

- Welchen Auftrag hat Gott für jedes Mitglied unserer Familie?

- Gibt es einen gemeinsamen Auftrag für uns?

Dirk Lüling hat einen seiner Familienabende folgendermaßen gestaltet: „Eines Abends kündigte ich an, dass wir nach einem gemütlichen Essen noch ein wenig zusammensitzen wollten und etwas zu bereden hätten. Die Kinder waren ganz gespannt. Zunächst sprachen wir über unsere Eindrücke, was Schule und Urlaub betrafen, dass jedes Volk anders ist und besondere Eigenarten hat. In einer zweiten Runde gingen wir darauf ein, dass auch jeder Mensch etwas ganz besonders Typisches an sich hat. Mama, Papa und einzelne Kinder dienten dabei als Beispiel. Diese Themen sind für Kinder leicht zugänglich und liefern allerhand guten Gesprächsstoff.

Nach dieser Vorrunde war es dann leicht nachvollziehbar, dass auch jede Familie als Ganzes eine eigene Identität hat. Nun kamen die entscheidenden Fragen: ‚Was ist typisch für unsere Familie? Und was ist bei uns anders?'

Ich verteilte Zettel und Stifte und jeder sollte wenigstens drei typische Eigenschaften aufschreiben, je eine auf ein Blatt. Mit Eifer machten sich Eltern, Kinder und Gäste (Freunde der Kinder) an die Arbeit. Als nach einigen Minuten intensiven Nachdenkens und Schreibens alle fertig waren, wurde reihum jeweils ein Zettel auf den

Tisch gelegt und vom Schreiber erklärt. Danach ordneten wir die Zettel nach Themen. Anschließend griffen wir Eltern einen Bereich heraus und erzählten anhand des Stichwortes ,Gastfreundschaft' die Geschichte und die positiven Auswirkungen von Gastfreundschaft in unserer eigenen Familie und in der Familie unserer Eltern. Die Kinder hörten sehr interessiert zu und wollten natürlich auch zu anderen Punkten genaueres wissen. Es kann gut sein, dass sich bei älteren Kindern so viel Gesprächsstoff ergibt, dass eine Fortsetzung angebracht ist.

Wenn Kinder hören, welche segensreichen Auswirkungen gute Werte im Leben ihrer Eltern und Vorfahren hatten und haben, können sie bewusster entscheiden: ,Da will ich dazugehören, das soll auch für mein Leben wichtig werden.'

Solch eine Bestandsaufnahme beinhaltet natürlich auch Risiken, denn es könnten ebenso gut unschöne Dinge offenbar werden. Negativmeldungen, zum Beispiel, dass ,Streit' oder ,keine Zeit füreinander' typisch seien, sind wichtige Hinweise für die Eltern. Ich empfehle, nicht spontan auf solche Negativmeldungen einzugehen, sondern zunächst als Eltern miteinander zu beraten, wie diesem Mangel angemessen begegnet werden kann. In einer späteren Familienrunde kann es sehr heilsam und ermutigend für die Kinder sein, wenn Eltern ihre Not zugeben, vielleicht sogar Buße tun und man gemeinsam überlegt, wie das Familienleben künftig besser gestaltet werden kann.

Unsere Familienzeit schloss mit einer Gebetsrunde ab, in der wir Gott für alles Gute in unserer Familie dankten, und wir uns den erkannten Werten neu verpflichteten."

Wenn Ihre Kinder bereits Teenager oder schon erwachsen und aus dem Haus sind, können Sie ihnen auch die drei Fragen vorlegen, die wir mit unseren erwachsenen Kindern durchgegangen sind:

- *Wenn du an unsere Familie denkst, was war/ist typisch für uns? Woran erinnerst du dich gern?*

- *Worin hast du einen Mangel verspürt? Was ist dir negativ in Erinnerung geblieben?*

- *Welche Werte/Lebenseinstellungen hast du mitgenommen?*

Diese Fragen öffnen den Kindern die Augen für das gute Erbe, das sie mitbekommen haben und lassen eventuell schlummernde Werte und Lebenseinstellungen klarere Konturen bekommen. Vor allem können Mangelerfahrungen und negative Erinnerungen ausgesprochen werden.

Wie bei uns können dann auch in Ihrer Familie Prozesse der Heilung und Versöhnung in Gang gesetzt werden. Es gibt wohl kein Familienleben, in dem man sich nicht auch gegenseitig weh tut und verletzt.

Tragisch ist es, wenn alles einfach unter den Teppich gekehrt wird oder man verbittert nebeneinander her lebt. Für alternde Eltern wie für erwachsene Kinder gehört es mit zum Schönsten im Leben, sich auszusprechen und versöhnt miteinander leben zu können.

Und das wünschen wir Ihnen!

 MühlanMedien.de

Mühlan persönlich

Termine zu öffentlichen Vorträgen und Seminaren

Altbewährte und neue Mühlan Artikel kostenlos als PDF herunterladen

EINZIGARTIG

Ein Kleinkind in das Leben zu begleiten ist ein spannendes Abenteuer. Denn jedes Baby kommt als ein Original mit individuellen Temperamentsanteilen zur Welt und nimmt von Anfang an aktiv an seiner Entwicklung teil, sagen die Psychologen Chess und Thomas. Wenn dem so ist, benötigen junge Eltern eine Anleitung, wie sie das individuelle Temperamentsmuster ihres Kindes richtig erkennen und fördern können. Dazu möchte ich Sie in diesem Buch anleiten.
Ein nächster Schritt ist, zu einem guten Zusammenspiel zwischen dem Temperamentsmuster des Kindes und dem Temperament sowie Erziehungsstil der Eltern zu finden.

Eberhard Mühlan, Einzigartig
MühlanMedien, Braunschweig
Paperback, 116 Seiten, 10,95 EUR
ISBN 978-3-944584-25-6

148

DU SCHAFFST ES!

Sie „ist" nicht geschafft – sie „hat" es geschafft!
Und ist eine Frau mit Ausstrahlung geblieben.
Jetzt kann sie zurückschauen und fragt sich manchmal
selbst, wie sie alles bewältigt hat? Schon mit 21 Jahren
war sie Mutter von 6 Kindern (5 angenommene und ein
eigenes) und dann folgten noch 7 weitere. Wie bewältigt
man einen so großen Haushalt und, vor allem, wo holt man
die psychische Kraft für jedes einzelne Kind her? Das geht
nicht ohne ein gutes Konzept. Wo liegt der Schlüssel für
Claudias Erfolg?

Die Autorin möchte anderen Müttern mit ihren
Erfahrungen Mut machen und vor allem denen
eine sinnvolle „Überlebensstrategie" mitgeben,
die noch unverbraucht am Anfang ihres Familienlebens stehen.

Claudia Mühlan, Du schaffst es!
MühlanMedien, Braunschweig
Paperback, 142 Seiten, 10,95 EUR
ISBN 978-3-944584-24-9
Bestell-Nr. 568224

WEITERE BÜCHER:

**C.&E. Mühlan, Das große Familien-
Handbuch**
Erziehungstipps für alle Entwicklungsphasen
Ihres Kindes.
Gebunden, DIN A5, 280 Seiten
Bestellnummer: 815434
Sonderpreis 18,00 EUR (statt 19,95 EUR)

**E. Mühlan & A. Schröter, Total fertig oder
voll gut drauf?**
Helfen Sie Ihrem Kind mit seinen Gefühlen
klarzukommen.
Paperback, 113 Seiten, 8,95 EUR
Bestellnummer: 815417

C. Mühlan, Bleib ruhig, Mama!
Überarbeitete Neuauflage.
Tipps für die ersten drei Jahre.
Paperback, 160 Seiten, 12,95 EUR
Bestellnummer: 394861

E. Mühlan, Bleib cool, Papa!
Komplett überarbeitete Neuauflage.
Guter Rat für viel beschäftigte Väter
Paperback , 128 Seiten, 8,95 EUR
Bestellnummer: 394992

E. Mühlan, Zwischen 9 und 13
Tipps für angehende Teens
Taschenbuch, 75 Seiten, 4,95 EUR
Bestellnummer: 816164

**E. Mühlan, Führung durch den Heiligen
Geist**
Persönliche Führung durch Gott. Sicherheit
bei schwierigen Entscheidungen. Gewissheit,
dass Jesus dabei ist – Neuauflage.
Paperback, 147 Seiten, 8,95 EUR
Bestellnummer: 547242

MühlanMedien . Leipzigerstr. 233 . 38124 Braunschweig
Fon 0531-610730 . Fax 611941 . info@mühlanmedien.de

TEAM.F
Die Lebenspraktiker.

Wir selbst haben erlebt, dass unser Ehe- und Familienleben tiefer und erfüllter wurde, als wir begannen, Gottes Ratschläge für unsere Familienbeziehungen zu befolgen.

TEAM.F-Seminarthemen im Überblick:

→ **Freundschaft und Ehevorbereitung**
→ **Paar- und Ehebeziehung**
→ **Eltern und Kindererziehung**
→ **Familie erleben**
→ **Trennung und Neuorientierung**
→ **Persönlichkeit und Seelsorge**
→ **Single sein**
→ **Frauen unter sich**
→ **Männer unter sich**
→ **Akademie und Fortbildung**

TEAM.F · Neues Leben für Familien e.V.
Honseler Bruch 30 · 58511 Lüdenscheid · Fon 0 23 51.8 16 86
Fax 0 23 51.8 06 64 · info@team-f.de · www.team-f.de